Streblow · Urzeitgeschichten

Lothar Streblow

URZEIT
Geschichten

Zeichnungen von Hermut K. Geipel

Loewe

Die Deutsche Bibliothek – CIP-Einheitsaufnahme

Streblow, Lothar:
Urzeitgeschichten / Lothar Streblow.
Zeichn. von Hermut K. Geipel.
1. Aufl. – Bindlach: Loewe, 1993
ISBN 3-7855-2516-8

ISBN 3-7855-2516-8 – 1. Auflage 1993
© 1993 by Loewes Verlag, Bindlach
Umschlagzeichnung: Hermut K. Geipel
Umschlagtypographie: Karin Roder
Satz: Teamsatz, Neudrossenfeld
Gesamtherstellung: Svoboda, Prag
Printed in Czechoslovakia

Inhalt

Die Trias-Echse Saltoposuchus

Ein trockener Wind wirbelte Staubfahnen aus dem rötlichen Sand der Ebene gegen die Hügel, wehte sie zwischen die rauhen Stämme der Nadelbäume und ließ die Fächer der Farne rascheln. Doch es war nicht nur der Wind, der die Stengel bewegte.

Dazwischen bewegte sich noch etwas anderes: ein seltsames Tier mit grünlich gefleckter Haut, hoch aufgerichtet auf zwei muskulösen Hinterbeinen und mit langem, kräftigem Stützschwanz. Es war ein Saltoposuchus, ein triassisches Reptil, das aussah wie eine mehr als metergroße, zweibeinig laufende Eidechse. Mit seinen scharfkralligen Greifhänden suchte er den

Stamm einer Konifere nach Insekten ab, tastete prüfend über die rauhe Borke. Aber mehr als ein paar Rüsselkäfer am Boden fand er nicht. Und er verschlang sie gierig.

Plötzlich spürte er, daß er nicht mehr allein war. Ganz in der Nähe zwischen dem wuchernden Farn ertönte ein dumpfes Geräusch, ein Scharren und Schaben, das allmählich auf ihn zukam, immer näher. Dann erkannte er unter den Farnwedeln einen buckligen Panzer mit weit herausgestrecktem Kopf. Eine mächtige Urschildkröte schob sich auf ihren kurzen Beinen schwerfällig durch den Unterwuchs.

Jetzt wurde der Saltoposuchus aufmerksam. Zwar war die gepanzerte Schildkröte für ihn unangreifbar, doch neben Insekten und kleineren Reptilien fraß er auch Schildkröteneier, die er mit seinen messerscharfen, nadelspitzen Zähnen zerbiß. Nur finden mußte er sie. Und das war gar nicht so einfach. Schildkröten bedeckten ihre Eier nach dem Legen mit Sand und ließen sie von der Sonne ausbrüten. Erst nach Wochen wühlten sich die Jungen dann selber aus den Eierschalen unter dem Sand hervor. Und auch diese winzige Brut schmeckte dem Saltoposuchus.

Inzwischen war die Schildkröte weitergekrochen, aus dem Farndickicht am Waldrand hinaus in das flirrende Sonnenlicht. Doch sie lief nicht in die sandige Ebene. Mit ruckartigen Bewegungen wandte sie sich von dem bewaldeten Hügel einer sanft abfallenden Bodensenke zu, in deren Mitte die Wasserfläche eines ausgedehnten Tümpels schimmerte.

Der Saltoposuchus zögerte. An diesem Tümpel hatte auch er sein Jagdrevier. In der Nähe des Wassers schwirrten Insekten in dichten Schwärmen. Doch in der Luft waren sie für ihn unerreichbar. Nur am Boden oder auf niedrigen Pflanzen konnte er sie erwischen. Und das war nicht ungefährlich. Am Tümpel trieben sich auch noch andere Tiere herum.

In einigem Abstand lief er auf flinken Beinen vorbei an der Schildkröte, die sich überhaupt nicht um ihn zu kümmern schien. Erst in Ufernähe wurde der Grünwuchs wieder dichter, die Gegend unübersichtlicher. Neben kugelförmigen Cyca-

deen mit gefiederten Blättern auf graslosem Sandboden standen die schlanken Stämme der Bärlappgewächse mit ihren auffallenden Zapfen an der Spitze. Und auf sumpfigem Untergrund ragten verschiedene Schachtelhalme empor.

Noch blieb es ruhig am Tümpel. Am sandigen Ufer jedoch zeigten die tief eingedrückten Trittspuren kralliger Füße, daß sich hier vor kurzem ein größeres Tier aufgehalten hatte: ein schwergewichtiger Mastodonsaurus. Die Fährte war noch ganz frisch. Doch nichts rührte sich. Nur das Summen der Insekten unterbrach die Stille des Mittags.

Als der Saltoposuchus die frische Fährte entdeckte, stutzte er. Die Trittsiegel führten über den schlammfeuchten Uferrand direkt ins Wasser. Zwischen den Tritten aber zeichnete sich noch eine andere

Spur ab: die breite Schleifspur eines mächtigen Schwanzes. Offenbar hatte es der Mastodonsaurus nicht sehr eilig gehabt.

Diese Schleifspur interessierte den Saltoposuchus. Doch er folgte ihr nicht zum Wasser. Aufmerksam spähend lief er in entgegengesetzter Richtung, wo die Spur über trockneren Sand führte.

Hier wurden die Trittsiegel undeutlicher; der lose Sand war nachgerutscht. An einer Stelle aber wirkte der Sand feuchter. Auch die Trittspur des kralligen Fußes war tiefer eingesunken. Und an den feuchten Rändern haftete eine gelblich klebrige Masse.

Gierig beugte sich der Saltoposuchus

herab und leckte mit seiner spitzen Zunge darüber. Er war auf ein im Sand vergrabenes Eiernest gestoßen: auf Reptilieneier. Nur fand er darin keine Eier mehr. Das fremde Tier hatte sie mit seinem Gewicht zertreten. Was er auf die Zunge bekam, war nur ein mit Eierschalen und Sand ver-

mischter schleimiger Brei. Und der schmeckte ihm nicht.

Mit einemmal zerriß ein weithin hallendes Geräusch die Stille. Es hörte sich an wie das Quaken eines Frosches. Und vom jenseitigen Ufer des breiten Tümpels antwortete ein anderes.

Ruckartig wandte sich der Saltoposuchus um. Er war noch immer hungrig. Und mit einem Frosch wurde er leicht fertig. Flink lief er auf seinen kräftigen Hinterbeinen zurück zum Ufer. Doch zwischen dem dichten Uferbewuchs war von einem Frosch weit und breit nichts zu sehen.

Dafür entdeckte er über dem flachen Uferwasser eine große Libelle. Ihre schwirrenden Flügel schimmerten silbrig im Schein der Sonne. Geschickt pirschte er sich heran bis auf Greifnähe.

Doch im selben Moment, als er seinen urvogelähnlichen Kopf vorstieß, um nach der Libelle zu schnappen, streifte er mit seinem langen Schwanz einen hoch aufragenden Schachtelhalm. Der schwankende Halm wippte auf die Libelle zu. Und sie schwirrte ein Stück weiter über den See.

Der Saltoposuchus aber gab nicht auf. Hier in Ufernähe blieb das Wasser flach, reichte ihm nur bis an die Knie. Unbeirrt watete er auf seinen muskulösen Hinterbeinen weiter über den schlammigen Grund. Und fast schon hatte er die Libelle erreicht, da stutzte er.

Dicht vor seinen Füßen bewegte sich etwas im aufgewühlten Wasser. Ein schmaler, fast zierlicher Kopf hob sich langsam über die Wasseroberfläche, starrte ihn aus kleinen dunklen Augen prü-

fend an und öffnete seine mit spitzen Zähnen besetzten Kiefer.

Einen Moment nur zögerte der Saltoposuchus, dann versuchte er den schmächtigen Kopf mit seinen krallenbewehrten
Greifhänden zu packen. Doch er kam
nicht dazu. Der Kopf schnellte plötzlich
nach oben, hob sich auf einem endlos
scheinenden langen Hals schlangen-
gleich aus dem Wasser.

Aber es war keine Schlange. Der Hals
endete nach mehreren Metern unweit am
Ufer in einen kurzen vierbeinigen Rumpf,
der mit einem fast ebenso langen
Schwanz peitschte.

Es war eine Giraffenhalsechse, die
ihren langen Hals als Angel ausgeworfen
hatte, um Beute zu fangen. Und bevor der

Saltoposuchus sich von seinem Schreck
erholt hatte, ließ sie Kopf und Hals
geschickt aus seiner Reichweite hoch über
ihm durch die Luft gleiten.

Verblüfft starrte er ihr nach. Die ver-
meintliche Beute blieb unerreichbar. Auch
die Libelle schwirrte jetzt noch weiter entfernt zwischen Sumpfpflanzen. Und am
Ufer bummelte gemächlich eine gepanzerte Adlerechse über den Sand.

Eine Weile lang zögerte er unschlüssig.
Der Adlerechse am Ufer mochte er nicht
begegnen, obwohl er um einiges schneller
laufen konnte als sie. Zunächst mal aber
mußte er aus dem zähen Uferschlamm
heraus, der ihn am Laufen hinderte. Und
dabei konnte ihm die Adlerechse auflau-
ern.

Plötzlich rauschte es in seiner unmittelbaren Nähe. Wasser gurgelte schäumend, Wellen schwappten gegen seine Füße. Ein ungeheurer Körper tauchte auf: mehr als drei Meter lang, mit runzlig grüner Haut und mächtigem Schädel. Das eigenartige Tier wirkte wie ein plumpes Krokodil mit dickem Froschkopf. Doch ein Krokodil war es nicht.

Es war ein Mastodonsaurus, das größte Amphibium aller Zeiten und ein gefräßiger Fischesser. Und er hielt die aus dem Morast im Wasser aufragenden Beine des Saltoposuchus wohl ebenfalls für Fisch. Unverhofft riß er sein breites, zähnestarrendes Froschmaul auf, um zuzuschnappen.

Der Saltoposuchus erschrak, doch er reagierte sofort. Nur konnte er im saugenden Schlamm unter dem seichten Wasser nicht so rasch flüchten wie auf trockenem Land.

Mühsam versuchte er, seine Füße einen nach dem anderen aus dem morastigen Untergrund zu ziehen.

In diesem Augenblick platschte es unweit von ihnen auf der Wasserfläche. Der Mastodonsaurus hatte beim Auftauchen aus dem Tümpel auch einige Fische hochgewirbelt. Und die auf Beute lauernde Giraffenhalsechse am Ufer klatschte ihren langen Schlangenhals blitzschnell ins Wasser.

Doch das sah der Saltoposuchus schon nicht mehr. Ein Schwall trüben Wassers prasselte auf seinen schmächtigen Körper. Und der Druck ließ ihn taumeln. Er rutschte auf dem glitschigen Grundmorast, verlor den Halt. Auch sein Stützschwanz half ihm nicht mehr. Und bevor er sein Gleichgewicht wiederfinden konnte, klatschte er mit hilflos fuchtelnden Armen rücklings in die aufspritzenden Fluten.

Sekundenlang sah er nur Luftblasen und wirbelnden Schlamm, vermischt mit abgerissenen Halmen. Endlich bekam er den Kopf über Wasser, schluckte und prustete. Und wieder überschwappte ihn eine Welle, nahm ihm die Sicht.

Vor ihm tobte etwas Riesiges durchs Wasser, planschte und spritzte. Und als er schließlich etwas erkennen konnte, sah er seitlich hoch über sich den auf seinem Schlangenhals hin und her schwankenden kleinen Kopf der Giraffenhalsechse

mit einem Fisch zwischen den Zähnen. Der Mastodonsaurus aber platschte durch das aufgewühlte Tümpelwasser ungestüm hinter den restlichen Fischen her.

Jetzt begriff der Saltoposuchus: Niemand machte Jagd auf ihn. Die beiden waren mit Fisch beschäftigt. Ihm drohte keine Gefahr, jedenfalls im Moment nicht. Auch die Adlerechse am Ufer verschwand gerade zwischen Bärlappgewächsen und kugeligen Cacydeen.

Noch etwas benommen rappelte er sich auf. Und so schnell es ihm auf dem morastigen Grund möglich war, erhob er sich vorsichtig auf die Hinterbeine. Schlammiges Wasser rann von seinen Flanken, zerknickte Halme klebten auf seiner nassen Haut. Lauernd blickte er sich um.

Aber niemand schien sich um ihn zu kümmern. Die Giraffenhalsechse verschlang am Uferrand unter hochragendem Schachtelhalm ihre Beutefische. Und der Mastodonsaurus tauchte weit entfernt in einem mächtigen Wasserwirbel unter und blieb verschwunden.

Nach einigen Schritten durch den glitschigen Tümpelmorast spürte der Saltoposuchus wieder festen Grund unter den Füßen. Hier fühlte er sich wohler. Er war gerettet.

Nur sein Magen knurrte noch immer. Doch die schwirrenden Insekten blieben unerreichbar für ihn. Als wechselwarmes Reptil mußte er sich nach dem unverhofften Bad im Wasser zunächst aufwärmen, um wieder jagen zu können.

Tropfend erreichte er das sandige Ufer. Jetzt brauchte er erst mal Sonne, sehr viel Sonne.

Die Plesiosaurier vom Jurameer

Wellen brandeten gegen die felsige Küste, brachen sich mit donnerndem Getöse. Gischt spritzte über blankgewaschenen Fels, trieb feinen Wasserstaub gegen die massigen Gestalten, die scheinbar teilnahmslos auf dem nassen Gestein ruhten. Nur ein weiblicher Plesiosaurier legte weiter landeinwärts in einer sandigen Kuhle gemächlich seine Eier ab. Aber die Ruhe war trügerisch.

Plötzlich hob einer der Plesiosaurier an der Felskante seinen langen kräftigen Hals. Die Augen in seinem kleinen Kopf musterten scharf die bewegte Wasserflä-che. Was dort schemenhaft durch die schäumenden Wogen glitt, war nicht genau zu erkennen. Doch der Anblick gleitender Schatten im Wasser reizte seinen Appetit.

Schwerfällig hob er sich auf seine walzenförmigen Paddel und rutschte auf dem rundlichen Bauch an den Rand des Felsens. Hoch ragte sein langer Hals über die Brandung.

Doch er zögerte noch. Vereinzelte Zirruswolken trieben am blaßblauen Himmel. Und davor trieb noch etwas anderes. Im schrägen Sonnenlicht zeichnete sich

17

ein dunkler Punkt ab, ein winziger Schatten in der Luft.

Mit dem Wind näherte sich ein Dimorphodon, ein kaum rabengroßer Flugsaurier mit langem dünnem Schwanz und einem furchterregend großen, dicken Kopf an seinem zierlichen Körper. Trotz seiner weitgespannten Flughäute war er ein schlechter Flieger. Jede Windböe trieb ihn vom Kurs ab. Nur mit Mühe kam er der Küste näher. Und als er auf dem Fels zum Landen ansetzte, taumelte er beinahe gegen den Hals des Plesiosauriers.

Die riesenhafte Schwanenhalsechse wandte nur einmal kurz ihren Kopf. Als Fischesser interessierte sie der magere Flugsaurier nicht. Langsam ließ sie sich vom Felsen ins Wasser gleiten. Und der Flugsaurier flüchtete unbeholfen flatternd vor ihrem durch die Luft fuchtelnden Schwanz.

Direkt hinter dem Fels fiel der Meeresboden steil ab, besiedelt nur von einigen Muscheln. So schwerfällig der mehr als

drei Meter lange Plesiosaurier an Land wirkte, im Wasser bewegte er sich mit erstaunlicher Gewandtheit. Er schwamm im Meer, wie ein Vogel durch die Luft fliegt, zerteilte mit seinen kräftigen Paddeln die Fluten und trieb seinen mächtigen Körper vorwärts, während er mit seinem Schwanz steuerte. Dabei beobachtete er mit seinem beweglichen Kopf genau, was um ihn her vorging.

Nahe dem nur schwach vom Sonnenlicht erhellten Grund entdeckte er einen langgestreckten Körper, hielt ihn zunächst für einen Fisch. Und sein geschmeidiger Hals wand sich geschickt darauf zu.

Doch kurz davor zuckte er zurück. Es war nur ein ziemlich großer Belemnit, ein Kopffüßer mit langen Tentakeln und einem von einem Mantel umgebenen gekammerten Gehäuse, das aussah wie

18

eine spitze Tüte. Und zum Knacken von Gehäusen war das Gebiß des Plesiosauriers nicht geeignet.

Enttäuscht schnappte er nach den weichen Tentakeln, erwischte aber keinen. Mit scharfem Rückstoß schoß der Belemnit davon und verschwand in einer dunklen nebelartigen Wolke, die sich immer weiter ausbreitete. Der Belemnit hatte Tinte abgelassen. Und im Schutz der dichten Tintenwolke tauchte er ab in die Tiefe.

Eine Weile nahm die Wolke dem Plesiosaurier jede Sicht. Verwirrt paddelte er umher. Ohne Sichtkontakt konnte er weder Beute finden noch seinen Feinden ausweichen. Jeden Augenblick konnte sich ein Ichthyosaurier oder ein Meereskrokodil unbemerkt nähern. Und dann wäre er ihrem Angriff wehrlos ausgeliefert.

Mit gewaltigen Paddelschlägen trieb er seinen mächtigen Körper vorwärts, zerteilte die trüben Fluten. Sein kleiner Kopf tauchte in klareres Wasser.

Jetzt sah er wieder deutlicher. Vor ihm wuchs etwas Dunkles in die Höhe: ein steil aufragendes Riff, übersät mit Muscheln und wedelndem Tang. Und gerade noch rechtzeitig konnte er mit seinem Steuerschwanz die Richtung ändern und nach oben abdrehen.

Hoch über sich sah er das lichtdurchtränkte Wasser der Oberfläche. Das Riff lag unter ihm. Aber schräg oben war noch etwas anderes: ein längliches Gebilde, seltsam unförmig mit eigenartigen Büscheln.

Lauernd stieß der Plesiosaurier seinen kleinen Kopf vor, streifte einen der Stengel. Das Gebilde trieb weiter, wirkte wie totes Holz. Und das war es auch: ein Stück

ins Meer gespültes Treibholz, von Muscheln umkrustet und bewachsen mit langstieligen Seelilien.

Mit einem Paddelschlag fegte er das Holz zur Seite, näherte sich dem schillernden Wasserspiegel. Hier oben war das Meer unruhiger. Wellen klatschten gegen seinen auftauchenden Kopf. Gischt sprühte in seine Augen. Ein Schnaufen drang durch seine spitzen Zähne. Und wenige Sekunden später tauchte er wieder ab.

Allmählich entfernte er sich immer weiter aus dem küstennahen Bereich. Doch auch seewärts hatte das warme jurassische Flachmeer, das damals weite Teile des heutigen Europa bedeckte, nur eine geringe Tiefe. Selbst hier drang mattes Dämmerlicht noch bis zum Grund.

Im stilleren Tiefenwasser trieben einzelne Ammoniten. Schon von weitem erkannte der Plesiosaurier die gewundenen Gehäuse der Kopffüßer, manche fast einen Meter groß. Und hinter ihnen glaubte er einen kleineren Fisch zu entdecken.

Plötzlich hob sich dicht daneben ein riesiger fischförmiger Körper ab: ein mehr als drei Meter langer Ichthyosaurier mit zähnestarrendem Maul. Doch er jagte den kleinen Fisch nicht, er schien ihn beschützen zu wollen.

Was der Plesiosaurier für einen Fisch gehalten hatte, war in Wirklichkeit ein Jungtier, ein Kind des Ichthyosauriers. Und der Plesiosaurier jagte heftig paddelnd in Gegenrichtung. Dabei wandte er seinen langen Hals kurz nach hinten. Doch der Ichthyosaurier folgte ihm nicht.

Erst hinter einer untermeerischen Bodenerhebung verlangsamte er sein Tempo. Weit und breit war kein größerer Gegner zu sehen. Dafür entdeckte er dicht über dem sandigen Grund einen Schwarm karpfengroßer Schmelzschuppenfische, die mit ihren breiten Gaumenzähnen Krebse und am Boden liegende Muscheln zerknackten.

Als sie den mächtigen Schatten des Plesiosauriers über sich wahrnahmen, versuchten sie zu fliehen. Einen aber erwischte er. Und während er ihn gierig verschlang, jagte er hinter den anderen her.

Schon verkleinerte sich der Abstand zwischen ihm und den Fischen, da bemerkte er im Dämmerlicht, daß von der Seite noch ein weiterer Verfolger nahte: ein schlanker, stromlinienförmiger Körper mit steiler Rückenflosse und breit klaffendem Maul. Ein riesiger Hai.

Blitzartig änderte der Fischschwarm seine Fluchtrichtung, um dem Hai auszuweichen. Dabei gerieten die Fische schräg vor den heranschießenden Plesiosaurier. Gierig schnappte er zu. Nur wenige entkamen ihm. Und der Hai drehte ab; mit Plesiosauriern ließ er sich in keinen Kampf ein.

Doch sehr weit entfernte sich der Hai nicht. Er lauerte auf den Rest der flüchtenden Fische. Doch auch der Plesiosaurier war noch nicht satt. Wieder nahm er die Verfolgung auf, während der Hai auf Abstand hielt.

Inzwischen hatte sich der Meeresboden verändert. Über einer ansteigenden Bodenschwelle erhob sich ein dunkler

Tangwald, wogte leicht in der Strömung. Genau darauf hielten die Fische zu. Noch bevor der Plesiosaurier sie erreichte, stoben sie nach allen Seiten auseinander und verbargen sich in dem wogenden Grün.

Der Plesiosaurier zögerte keinen Moment. Seine mächtigen Paddel zerteilten den wuchernden Pflanzenwuchs, scheuchten die Fische aus ihrem Versteck. Doch in dem grünen Gewirr gab es nicht nur Fische.

Plötzlich stieß er gegen den weit aufgerissenen, langschnäuzigen Rachen eines Meereskrokodils, das im Tang verborgen auf Fische lauerte. Und nur mit einer

raschen Bewegung seines wendigen Halses konnte er seinen kleinen Kopf vor den Zähnen des Krokodils in Sicherheit bringen.

Ohne sich weiter um die Fische zu kümmern, ließ er den Tangwald hinter sich. Im freien Wasser fühlte er sich sicherer. Hier konnte er schon von weitem nahende Gefahren erkennen und rechtzeitig ausweichen.

Im Moment aber war kein größeres Tier zu sehen, weder Freßfeinde noch lohnende Beute. Nur ein paar winzige Knochenfische umspielten einen gemächlich treibenden Belemniten. Und auf dem hel-

len Bodensand umklammerte ein buntfarbiger Seestern eine Meeresschnecke.

Am Unterwasserhorizont erhob sich die dunkle Silhouette eines schmalen Riffs. Von dort näherten sich aus verschiedenen Richtungen einige größere Schatten. Der vorderste war eine behäbig paddelnde Meeresschildkröte. Doch die schien dem Plesiosaurier ungenießbar; ihr Panzer war zu hart.

Die beiden anderen Schatten aber reizten ihn: ein stattlicher Quastenflosser und ein anderthalb Meter langer Rochen. Nur beide auf einmal schaffte er nicht. Entschlossen steuerte er auf den Rochen zu. Dieser Knorpelfisch mit dem flachen, breiten Körper war ganz nach seinem Geschmack.

Dabei übersah er jedoch, daß sich vom Riff her noch ein weiterer Schatten nahte: ein riesiger Ichthyosaurier von mehr als fünf Meter Länge, ein außerordentlich gewandter Schwimmer. Mit unheimlicher Geschwindigkeit schoß er hinter dem Rochen her.

Der Quastenflosser erkannte die Gefahr und drehte eiligst ab. Aber der Plesiosaurier in seinem Jagdeifer bemerkte die gewaltige Fischechse zu spät. Er stutzte nur, als der Rochen plötzlich die Richtung änderte.

Erst nach einem hastigen Seitenblick begriff er. Da war die Fischechse schon heran, riß ihren langen, schwertfischähnlichen Rachen weit auf und schnappte nach seinem linken Vorderpaddel.

Doch sie schnappte ins Leere. Dafür bekam sie von dem geschickt ausweichenden Plesiosaurier einen gewaltigen Paddelschlag auf die Schnauze. Einen Augenblick lang taumelte sie wie benommen, dann preschte sie ihm nach und holte ihn nach wenigen Metern ein.

Mit ungeheurer Kraft tobten die beiden riesigen Saurier umeinander, versuchten den anderen mit den Zähnen zu packen. Wasser quirlte und schäumte. Vom nahen Meeresboden wirbelte Sand hoch, riß Muscheln und Seelilien vom Untergrund, als die beiden kämpfenden Echsen sich

ineinander verbissen, jede in das Schwanz-ende der anderen. Und das aufgewühlte Meer färbte sich rot.

Schon fühlte der Plesiosaurier seine Kraft erlahmen, spürte den peinigenden Schmerz in seinem Schwanz, der seine Wendigkeit behinderte. Krampfhaft versuchte er loszukommen, den Gegner abzuschütteln. Und er drehte und wand sich, ohne selbst loszulassen.

Plötzlich entglitt der Schwanz der Fischechse seinen Zähnen. Er biß ins Leere. Und nach einer fluchtartigen Drehung schlug er hart auf dem sandigen Boden auf.

Nur einen Augenblick später stieß er

sich mit seinen kräftigen Paddeln vom Grund ab, schoß mit einem Ruck nach oben und kam frei. Und so schnell es seine Verletzung zuließ, steuerte er der nahen Küste zu, eine breit zerlaufende Blutspur hinter sich.

Eine Weile folgte ihm die Fischechse noch. Aber auch sie war durch die schmerzhaften Bisse des Plesiosauriers behindert. Schon weit vor der langrollenden Brandung gab sie auf und schwamm seewärts.

Inzwischen nahte von dort ein anderer Verfolger. Der riesige Hai hatte den Kampf der beiden Saurier im Meer von fern beobachtet und die Blutspur aufgenommen.

Vor einem verletzten Saurier scheute er sich nicht. Und er wählte den kleineren Plesiosaurier, den er leichter überwältigen konnte. Diese Beute schien ihm sicherer.

Nur mußte er erst den Ichthyosaurier in weitem Bogen umschwimmen. So kam der Hai nicht schnell genug heran. Im brodelnd schäumenden Wasser der Brandung entschwand der Plesiosaurier seinen Blicken. Und die richtungweisende Blutspur verwischte.

Doch der Hai gab nicht so rasch auf. Mit seinem ausgeprägten Geruchssinn konnte er selbst winzige Blutspuren im Wasser wahrnehmen. Sekunden später

hatte er sich schon wieder orientiert. Und er kam schnell näher. Nur war es jetzt bereits zu spät.

Als der Plesiosaurier erschöpft auf seine Paddel gestützt über den gischtumsprühten Rand der Felsen watschelte, blieb der riesige Hai hinter den tosenden Brandungswellen zurück. Auf das feste Land konnte er der amphibisch lebenden Echse nicht folgen.

Hier oben auf den Felsklippen bei seinen aufmerksam lauernden Gefährten war der Plesiosaurier außer Gefahr. Und mit einem dumpfen Röcheln streckte er seinen mächtigen Körper auf das nasse Gestein.

Die Stegosaurier im Oberjura

Die Weite der Savanne lag im grellen Sonnenlicht. Nur die Wipfel der verstreut in der ebenen Landschaft hochragenden Palmfarne warfen ein wenig Schatten. Dazwischen standen die kugelförmigen Stämme zahlloser Cycadeengewächse.

Ein leichter Wind bewegte die Fächer niedriger Farne. Zikaden lärmten im Gezweig. Und die heiße Luft flirrte über feinkörnigem Sand.

Das merkwürdige Tier, das gemächlich von dem saftigen Grün futterte, mochte die Wärme. Es war ein mehr als sechs Meter langer, vierbeiniger Stegosaurier: das eigenartigste Reptil, das je gelebt

hatte. Da seine Vorderbeine wesentlich kürzer waren als seine Hinterbeine, bewegte er sich in einer sehr seltsamen Gehweise: mit hoch erhobenem Hinterteil. Sein massiger Rumpf war am Vorderende tief nach unten geneigt. Und der winzige, vogelartige Kopf pendelte dicht über dem Boden, was seine Sicht ziemlich einschränkte. Auf seinem ungewöhnlich hochgewölbten Rücken trug er zwei Reihen riesiger, dreieckiger Knochenplatten, die vom Kopf bis zum Schwanz reichten. Und an seinem durch den Sand schleifenden Schwanzende wuchsen ihm eine Anzahl langer spitzer Stacheln.

Im Moment hatte er seine lederhaut-
überzogenen Rückenplatten zur Kühlung
steil aufgestellt. So ließ sich die Sonnen-
hitze am Mittag besser ertragen beim Fut-
tern. Denn Hunger hatte er eigentlich
immer. Sein fast drei Tonnen schwerer
Körper brauchte viel Nahrung. Und inzwischen war der Bodenbewuchs im weiten
Umkreis abgeweidet.

Behäbig trottete er weiter, bis er beinahe gegen den halbhohen Stamm einer
Cycadee stieß, deren fächerartige Blätter
für ihn gerade noch zu erreichen waren.
Träge richtete er sich auf seinen muskulösen Hinterbeinen auf, stützte sich dabei
auf seinen kräftigen langen Schwanz und
riß an den Zweigen.

In diesem Augenblick ertönte dicht
über ihm ein klatschendes Geräusch. Und
ein Rhamphorhynchus flüchtete im Gleitflug aus dem obersten Wipfel der Cycadee
über die Ebene. Erst weit hinter den letzten Bäumen platschte die langschwänzige kleine Flugechse in das seichte Wasser eines schmalen Flusses. Der Stegosaurier hob nicht einmal den Kopf. Ungerührt
futterte er weiter.

Allmählich aber fühlte er sich satt, satt
und müde. Langsam ließ er sich wieder
auf seine kurzen Vorderbeine nieder und
lief zu einer Gruppe üppiger Palmfarne.
Hier im Schatten ihrer weit ausladenden
Fächer suchte er sich einen Platz zum
Ruhen, klappte seine Knochenplatten her-
unter und schlief kurz darauf ein.

Eine Weile blieb es ruhig in seiner näheren Umgebung. Nur ein kaum hühnergro-
ßer Compsognathus, ein winziger, zweibeinig laufender Saurier, näherte sich

vom Fluß her. Als er den liegenden Stegosaurier unter den Palmfarnen entdeckte,
rannte er flink in die andere Richtung.

Lange aber währte die Ruhe nicht.
Plötzlich schien der Boden zu beben, erst
kaum merklich, doch ständig an Stärke
zunehmend. Die dicken spröden Blätter
der umstehenden Cycasbäume schwankten mit einem trockenen, kratzenden
Geräusch. Es hörte sich an wie ein Erdbeben, ein beginnendes Erdbeben. Aber es
war keins.

Was da die Erde erzittern ließ, waren die
Schritte einer kleinen Gruppe riesiger
Dinosaurier, die mit ihren viele Tonnen
schweren Körpern durch die Landschaft
stampften. Sträucher und Zweige barsten
unter ihren elefantenartigen Beinen. Und
was sich an Tieren nicht rechtzeitig in
Sicherheit brachte, wurde zertrampelt.

Jetzt hob auch der Stegosaurier seinen
kleinen Kopf und blickte in das grelle Mit-
tagslicht. Solche Geräusche kannte er: Sie
bedeuteten Gefahr. So stampften nur
schwergewichtige Saurier. Und das konnten auch Raubsaurier sein.

Hastig stellte er sich auf die Füße und
versuchte die herandröhnenden Gestal-

ten zu erkennen. Noch war nicht viel zu sehen. Die hitzeflimmernde Luftschicht über dem sandigen Boden verzerrte die Konturen. Und mit seinem kurzen Hals konnte er nicht darüberblicken. Nur das bedrohliche Dröhnen kam allmählich näher.

Die fremden Saurier schienen sich Zeit zu lassen. Offenbar waren sie nicht auf der Jagd. Und dem Geräusch nach mußten es ziemlich viele sein. Das beruhigte den Stegosaurier ein wenig. Raubsaurier jagten meistens einzeln, das wußte er aus Erfahrung.

Trotzdem blieb er wachsam. Inzwischen hatte sich eine Wolke vor die Sonne geschoben, überschattete den heißen Sand. Jetzt wurde auch die Sicht klarer.

Nun erkannte er, was da aus der Weite der Jura-Ebene heranstampfte: koloßartige Körper auf säulenähnlichen Beinen mit winzigen Köpfen auf langen schwankenden Hälsen. Es waren Brontosaurier: fünf große, die drei kleine Jungtiere schützend in ihre Mitte genommen hatten. Und ab und zu rupften sie gemächlich Blätter von den umstehenden Gewächsen.

Der Stegosaurier gähnte ausgiebig. Von Brontosauriern drohte ihm keine Gefahr; sie waren Pflanzenfresser wie er,

waren friedliche Riesen. Und manchmal weidete er auch mit ihnen gemeinsam.

Im Moment aber fühlte er sich satt. Nur seine Zunge war trocken vom aufgewirbelten Staub. Er spürte Durst. Und ohne sich weiter um die Brontosaurier zu kümmern, bewegte er sich in seiner sonderbaren Gangart durch die sandige Ebene dem nahen Flußufer zu.

In Flußnähe wurde der Bodenbewuchs dichter. Zwischen Stämmen und Stengeln krochen Käfer und Spinnen. Eidechsen wuselten leichtfüßig über losen Sand, jagten nach Insekten. Und eine Schildkröte mit buckligem Panzer brachte sich vor den schwerfällig stampfenden Füßen des Stegosauriers eilig in Sicherheit.

Sonst schien kein größeres Tier in der Nähe zu sein. Nur der langschwänzige Rhamphorhynchus, der vorhin zum Fluß geflogen war, hockte auf einem angeschwemmten Baumstamm am Ufer und beobachtete argwöhnisch einen Pterodactylus bei der Jagd nach Fischen.

Die etwa gleich große, aber schwanzlose Flugechse hatte den Rhamphorhynchus offenbar noch nicht bemerkt. Im Jagdeifer trieb sie, dicht über der Wasserfläche fliegend, die Fische genau auf die Uferstelle zu, an der er auf einen günstigen

Augenblick wartete. Und kaum zeigte sich an der Oberfläche eine Fischflosse, startete er von seinem Baumstamm und platschte aufs Wasser.

Der Pterodactylus drehte erschrocken ab, während der Rhamphorhynchus mit einem Fisch in seinem bezahnten Schnabelmaul aufsteigen wollte. Doch er kam nicht dazu. Plötzlich bildete sich eine Furche im Wasser, eine keilförmige Furche, näherte sich mit unheimlicher Geschwindigkeit.

Ein langschnäuziges Krokodil schoß heran. Und noch bevor der Rhamphorhynchus die drohende Gefahr erkannte, schnappte das Krokodil nach seinen übers Wasser schleifenden Füßen und verschlang ihn samt seiner Beute.

Betroffen verhielt der Stegosaurier seinen Schritt. Erst als das Krokodil mit einer scharfen Bugwelle vor der Schnauze flußaufwärts schwamm, wagte er sich ans Flußufer. Doch ehe er sich herabbeugte, musterte er ängstlich die schimmernde Wasserfläche.

Wellen glucksten leise gegen das sandige Ufer. Treibholz schaukelte träge in der schwachen Strömung. Aber nirgendwo zeigte sich eine Furche im Wasser. Jetzt endlich konnte er beruhigt trinken.

Lange hielt er sich allerdings nicht am Wasser auf. Die Nähe von Krokodilen machte ihm angst. Gegen ihre Angriffe fühlte er sich wehrlos. Außerdem hatte er genug getrunken. Hastig stapfte er durch den feuchten Sand aufs Trockene.

Wassertropfen glitzerten auf seiner Nase, verdunsteten rasch in der Hitze. Zwar brach die Sonne nur noch selten zwischen dunklen Wolkenbergen hervor, doch es blieb schwül. Und da im Moment keine Gefahr drohte, klappte der Stegosaurier seine Rückenplatten steil nach oben.

Mit einemmal stutzte er. Irgendwo hinter dem dichten Uferbewuchs raschelten trockene Blätter. Zu sehen war noch nichts, nur das Rascheln wurde stärker, schien auf ihn zuzukommen. Und dann schob ein Triconodon, ein kaum hasengroßes Säugetier mit bräunlichem Fell, seine spitze Schnauze unter einem Farnwedel hervor, setzte zum Sprung an und verbiß sich im Schwanz einer in der Sonne dösenden Eidechse.

Doch dann geschah etwas Unerwartetes. Das kleine Säugetier hielt nur ein Stückchen Schwanzende zwischen den Zähnen. Die überraschte Eidechse hatte blitzschnell ihren Schwanz abgeworfen und flüchtete ins Dickicht. Und das Pelztier kaute enttäuscht auf dem Schwanzstückchen herum.

Gleichmütig stapfte der Stegosaurier weiter. Diese Tiere interessierten ihn nicht. Er mochte nur Grünzeug. Und das gab es hier genug.

Gerade hatte er den bequem zu erreichenden Wedel eines Palmfarns abgerupft, da horchte er aufmerksam. In das Lärmen der Zikaden mischte sich noch ein anderes Geräusch: ein Kratzen und Schaben an raschelnden Blättern. Und das hatte er beim Abweiden nicht selbst verursacht. Es mußte noch ein anderes Tier in der Nähe durch den Unterwuchs kommen. Und dem deutlichen Geräusch nach ein ziemlich großes.

Nur ließ sich zwischen dem Pflanzengewirr zunächst nichts erkennen; dazu hing sein Kopf zu tief unten. Schwerfällig richtete er sich auf seinen Hinterbeinen auf, die kürzeren Vorderbeine auf den kugelförmigen Stamm einer Cycadee gestemmt. Und jetzt sah er, was da raschelte.

Es war ein mächtiger Saurier, hochaufgerichtet auf zwei kräftigen Beinen und mindestens sieben Meter lang, mit grünlich schuppiger Haut und ungewöhnlich großem Kopf. Doch nur seine Rückseite war zu sehen.

Im ersten Augenblick erschrak der Stegosaurier. Auch die großen Raubsaurier hatten eine ganz ähnliche Gestalt, zumindest von hinten. Und abwehrbereit klappte er seine harten Knochenplatten über seine ungeschützten Flanken.

Jetzt wandte der zweibeinige Saurier neugierig seinen großen Kopf zur Seite. Auch er hatte die Geräusche des anderen gehört. Die Blicke der beiden trafen sich, mißtrauische Blicke. Und der Stegosaurier erkannte einen Farnstengel zwischen den Zähnen des Großen. Es war ein Camptosaurier, ein harmloser Pflanzenfresser. Und auch der Camptosaurier sah, daß ihm keine Gefahr drohte von dem anderen. Beruhigt futterten die beiden weiter.

Inzwischen war der Himmel fast völlig bedeckt. Die dunklen Wolken hatten gezackte Ränder von schweflig gelber Färbung. Ab und zu grollte es dumpf in der Ferne. Aus einer blauschwarzen Wol-

31

kenwand am Horizont zuckten Blitze. Aber noch war das Gewitter weit. Die treibenden Regenschleier von jenseits des Flusses erreichten das Ufer nicht. Hier auf dieser Seite blieb es noch trocken. Nur manchmal wirbelte eine Windböe Staub aus der sandigen Ebene.

Der Stegosaurier schnaufte unbehaglich. Mit seinem tiefhängenden Kopf bekam er den Sand direkt in die Augen und in die Nase. Viel sah er nicht mehr. Und beim Grollen des Donners ließen sich die Geräusche fremder Schritte nur schwer erkennen. Immerhin dröhnte der Boden ja auch durch sein eigenes Gewicht.

Entschlossen schlug er die Richtung ein zu der Stelle, wo er vorhin die Brontosaurier gesehen hatte, verfolgte einfach seine eigene Spur zurück. Allerdings war das nicht ganz ungefährlich. Wo die großen Pflanzenfresser weideten, trieben sich oft auch Beute suchende Raubsaurier in der Nähe herum. Und mitunter folgten auch sie den im Sand deutlich erkennbaren Spuren ihrer Beutetiere.

Vorsichtshalber ließ er seine Rückenplatten heruntergeklappt. So war er bei Gefahr sofort abwehrbereit. Doch nirgendwo zeigte sich ein Raubsaurier zwischen dem Grün. Nur mitunter zeichnete sich über den Farnwedeln der hocherho-

bene Kopf des Camptosauriers gegen den düsteren Himmel ab. Offenbar hatte er die gleiche Richtung eingeschlagen.

Nach einer Weile aber verlor der Stegosaurier ihn aus den Augen. Hier wuchsen die Palmfarne höher, bildeten einen kleinen Wald. Und in das Donnergrollen mischte sich noch undeutlich das behäbige Stampfen schwerer Schritte.

Eine Zeitlang folgte er den stampfenden Geräuschen, die seitlich von seiner alten Spur abwichen. Vermutlich waren die Brontosaurier inzwischen ein Stück weitergezogen. Doch der Stegosaurier blieb vorsichtig, verharrte aufmerksam und hob lauschend den Kopf.

Mit einemmal verstummte das Stampfen. Nur das Rascheln von trockenen Blättern war zu hören. Auch der Camptosaurier hatte die Richtung gewechselt, strich raschelnd durch den Unterwuchs. Und im lichter werdenden Farnwald tauchte seine gemächlich schreitende Gestalt auf.

Jetzt ließ sich auch die dahinter liegende Bodensenke übersehen, bewachsen mit niedrigen Cycasgewächsen und spärlichem Schachtelhalm um ein versumpftes Wasserloch. Und mittendrin lagerte die Gruppe der Brontosaurier, rupfte faul herumliegend das Grün ab.

Als sich die beiden fremden Saurier näherten, hob der größte der Brontosaurier seinen langen Hals und blickte kurz zu ihnen hinüber, futterte dann aber unbesorgt weiter. Er wußte, daß die beiden harmlos waren. Und er schien auch nichts dagegen zu haben, als sie in ihrer Nähe blieben.

Nur einer der kleineren Brontosaurier platschte durch das flache lauwarme Tümpelwasser auf den Stegosaurier zu. Mit hoch erhobenem Kopf blickte er neugierig auf das seltsam gepanzerte Reptil hinunter. Doch als der Stegosaurier zur besseren Kühlung seine Rückenplatten hochstellte, erschrak der kleine Brontosaurier und stapfte eiligst zurück in den Schutz seiner Herde.

So verging eine ganze Weile. Friedlich weideten die unterschiedlichen Saurier miteinander: jeder dort, wo er das Grün bequem erreichen konnte. Nur wenn eine Stelle kahlgefressen war, bewegten sie sich ein kleines Stück weiter zum nächsten Weideplatz.

Das allmählich näher kommende Gewitter schien sie nicht zu stören, auch die zunehmenden Windböen nicht. Aufgewirbelter Sand kratzte über die spröden Blätter. Stengel und Halme bogen sich unter dem Wind. Wellen kräuselten die Wasserfläche des Tümpels. Und mitunter übertönte das Grollen des Donners jedes andere Geräusch.

Plötzlich aber kam Unruhe unter die Brontosaurier. In das abklingende Donnergrollen dröhnte das Geräusch tonnenschwerer Schritte. Der hochragende Camptosaurier entdeckte die Gefahr zuerst.

Was da herandröhnte, überragte ihn um mehrere Halslängen. Es war ein sieben Tonnen schwerer, zweibeinig laufender Allosaurier, eine gewaltige Raubechse von fünfzehn Meter Länge mit einem riesigen zähnestarrenden Maul. Den dicken Schwanz waagrecht haltend, rannte er auf seinen wuchtigen Zehenspitzen mit unheimlicher Geschwindigkeit auf den Camptosaurier los.

Doch der Camptosaurier war auf seinen kräftigen zwei Beinen fast ebenso schnell wie die Raubechse. Und er flüchtete geschickt mitten unter die jäh aufgeschreckten Brontosaurier. Hier unter diesen Kolossen fühlte er sich sicherer. Und er hatte sich nicht getäuscht.

Einen Moment zögerte die Raubechse, überblickte rasch die neue Lage. Diese trägeren Vierbeiner waren eine wesentlich leichtere Beute für sie, besonders die fast wehrlosen Jungen mit ihren noch schwachen Schwänzen.

Unverhofft wandte sie sich einem der am Tümpelrand stehenden kleinen Brontosaurier zu, stürzte sich mit weit aufklaffenden Kiefern über ihn. Nur achtete sie in ihrer Gier nicht auf die Großen. Kurz bevor sie ihre messerscharfen Zähne in den schlanken Hals des Jungtieres graben konnte, traf sie ein gewaltiger Schlag von hinten.

Der größte Brontosaurier hatte mit seinem mächtigen Schwanz ausgeholt und sie aufs Rückgrat getroffen. Sie taumelte mit einem Ächzen, fiel seitlich auf das Kleine. Doch das wich gewandt aus, schlug dabei mit seinem Schwanz zu und traf die Raubechse schräg vor den Unterkiefer. Und halb benommen von den beiden Schlägen, rutschte die Raubechse über das flache Ufer in das aufspritzende Wasser des Tümpels.

Die Brontosaurier aber waren keine Kämpfer; sie wehrten sich nur ihrer Haut, um in Ruhe weiden zu können. Und sie hatten eine eigene Taktik, um sich vor

Angriffen zu schützen. Bevor die Raubechse erneut angreifen konnte, schlossen
sich die Brontosaurier zu einer dicht-
gedrängten Gruppe zusammen, nahmen
die Jungen schützend in ihre Mitte und
stampften dröhnend aus der Tümpel-
senke hinaus in die Ebene. Und der Camptosaurier rannte in entgegengesetzter
Richtung davon.

Nur der kurzbeinige Stegosaurier
konnte nicht so schnell folgen. Mit seiner
seltsamen Gehweise vermochte er sich
nur langsam zu bewegen.

Er sah die flüchtende Herde der Brontosaurier, sah den davonhastenden Camptosaurier. Und er sah voller Angst, wie die
mächtige Raubechse sich wieder aus dem
aufgewühlten Tümpelwasser erhob.

Jetzt war er ihr allein ausgesetzt, allein
in der offenen Landschaft. Der niedrige
Bodenbewuchs bot nur wenig Deckung.
Trotzdem versuchte er die Flucht, hoppelte unbeholfen zwischen den Cycadeen
hindurch auf den Farnwald zu. Und er
kam langsam näher.

In diesem Augenblick fielen die ersten
Tropfen aus der dunkel heranziehenden
Wolkenwand, prasselten dumpf auf seine
schuppige Haut. Und wenig später ging
ein Gewitterguß nieder, der ihm fast die
Sicht nahm.

Nur undeutlich noch erkannte er den
Waldrand, aber die Richtung stimmte.
Und als er sich kurz umblickte, erkannte er
zwischen windgepeitschten Regenschleiern noch etwas anderes: eine hohe zweibeinige Gestalt, die mit weit ausgreifenden Schritten in die gleiche Richtung auf
den Farnwald zulief.

Noch glaubte er sich nicht entdeckt,
hoppelte schwer atmend weiter und barg
sich am Waldrand im wuchernden Unterwuchs, umhüllt vom strömenden Grau.
Doch jetzt, als seine eigenen Schritte ver-
stummt waren, hörte er hinter sich durch
das Rauschen des Regens das unheimlich

wirkende Dröhnen gewichtiger Schritte. Und der Boden schien zu beben.

Eine Wolke stinkenden Atems überflutete ihn. Angstvoll deckte er seine ungeschützten Flanken mit den hornigen Rückenplatten. Und fast gleichzeitig spürte er darauf die knirschenden Reißzähne der Raubechse. Aber sie prallten an den dikken Hornplatten ab.

Durch den gewaltigen Aufprall taumelte der Stegosaurier, knickte seitwärts ein. Doch er fing sich wieder. Auf seinen vier kurzen Beinen hatte er einen festeren Stand. Und im selben Moment peitschte er seinen Dornenschwanz hoch gegen die erneut angreifende Raubechse, bohrte ihr seine spitzen Stacheln in den Hals.

Die Raubechse wankte. Blut quoll aus der tief aufgerissenen Wunde. Und mit einem dumpfen Krachen brach sie zu Boden.

Doch das sah der Stegosaurier schon nicht mehr. Er zwängte sich durch den tropfnassen Unterwuchs, hastete quer durch den Farnwald im weiten Bogen den flüchtenden Brontosauriern nach. Und der trommelnde Gewitterregen löschte hinter ihm seine Spuren.

Die Brachiosaurier vom Binnensee

Dumpf brütete die Hitze über den sumpfigen Ufern. Kein Windhauch kräuselte die weite Wasserfläche. Der See schimmerte matt gleich einem stumpfen Spiegel unter dem bleifarbenen Himmel. Außer ein paar schwirrenden Libellen und summenden Insekten rührte sich nichts. Und doch barg dieser ausgedehnte See inmitten der tropisch-üppigen Vegetation Leben, unheimliches Leben.

Nur der kleine Flugsaurier, ein schwanzloser Pterodactylus, der hoch oben in der gefächerten Krone einer palmähnlichen Cycadee hockte und nach Beute Ausschau hielt, sah, wie weit draußen plötzlich etwas von unten her den Wasserspiegel durchstieß und gleich wieder verschwand. Genau zu erkennen war es nicht, aber es konnte ein Fisch gewesen sein. Und ohne Zögern startete der Pterodactylus mit weit ausgebreiteten Schwingen zur Jagd.

Erst als er die Stelle im See mit den ringförmig auslaufenden Wellen überflog, bemerkte er seinen Irrtum. Dicht daneben tauchte erneut etwas auf, etwas eher Rundliches. Und das war kein Fisch.

Es war nur ein Kopf, ein kleiner Kopf mit hochsitzenden Augen und Nasenöffnungen und kräftigen Zähnen in dem kurzen Maul: ein Brachiosaurier, der seine gemächlich über den Seegrund wandernden Gefährten vor herannahenden Krokodilen sicherte.

Enttäuscht drehte der Pterodactylus ab, zurück zum Seeufer. Wo diese viele Tonnen schweren Kolosse unter Wasser herumstampften, hielten sich kaum Fische auf.

Der Brachiosaurier warf aus seinen kaum über die schimmernde Fläche ragenden Augen nur einen kurzen Blick auf den davonsegelnden Pterodactylus. Flugechsen interessierten ihn nicht, nur die keilförmigen Wellenspuren heranschießender Krokodile. Doch der Seespiegel lag weithin unberührt. Beruhigt tauchte er wieder ab.

Unter der Wasseroberfläche herrschte ein seltsam ungewisses Licht. Nur schemenhaft zeichneten sich in der Nähe einige mächtige Gestalten ab: seine Gefährten. Ab und zu rupften sie Wasserpflanzen vom Grund, wühlten dabei mit ihren säulenförmigen Beinen den modderigen Seeboden auf. Und wo sich zwischen den Stengeln ein Fisch verborgen hatte, flüchtete er vor dem Wasserdruck der gewaltigen Körper hastig in ruhigere Gewässer.

Nach einer Weile hob ein anderer der Brachiosaurier seinen kleinen Kopf sichernd über den Wasserspiegel; auf seinem langen Hals reichte er vom Grund fast zwölf Meter hoch. Doch auch jetzt näherte sich keine Gefahr.

Nur eine kahle Felsnase ragte hier weit in den See. Oben auf der Kante hockte eine ganze Gruppe Flugechsen, beäugte neugierig den plötzlich auftauchenden Saurierkopf und strich dann seewärts ab.

Bedächtig näherten sich die Brachiosaurier der hochragenden Felswand. Der ganze Steilhang unter Wasser war dicht bewachsen mit wucherndem Grün. Hier brauchten die Brachiosaurier ihre langen

39

schlangenhaften Hälse nicht tief zum Grund hinabzubeugen. Dieses Futter war bequemer zu erreichen. Und erst als die riesige Felswand fast kahlgefressen war, stapften sie weiter.

Jetzt schienen sie es eiliger zu haben. Keines der Tiere fraß mehr. Alle hielten sie ihre kleinen Köpfe dicht unter der Wasseroberfläche. Nur ihre Augen und die Nasenöffnungen ragten flach in die Luft. So konnten sie, von anderen fast unbemerkt, selbst sehen und atmen. Und um die im Rhythmus ihrer stampfenden Schritte leicht schaukelnden Köpfe schwappten winzige Wellen.

Allmählich stieg der Seeboden leicht an. Die langen Hälse der Brachiosaurier ragten höher über die Wasserfläche, wirkten seltsam wie im Wasser aufrecht gehende Schlangen mit sonderbaren

Köpfen. Manchmal sank eines der Tiere plötzlich weg, wenn es auf dem unebenen Grund in eine Vertiefung geriet, tauchte aber kurz darauf wieder auf, prustend und mit glitzernden Wasserperlen auf der nassen Haut.

Auch die Ufer wurden nun wieder flacher, die Felsen blieben zurück. Aus dem sumpfigen Untergrund stiegen gurgelnde Blasen: Faulgase von mondernden Pflanzen. Schlamm wirbelte hoch unter den stampfenden Füßen. Und ein Wasserfrosch flüchtete mit eiligen Schwimmstößen aufs Trockene.

Mit einemmal tauchte unter einem der gleichmäßig schaukelnden Hälse ein mächtiger, elefantenähnlicher Körper auf. Wasser rann plätschernd von seinen Flanken. Dann hob sich noch eine Gestalt und noch eine. Säulenförmige Beine wurden

sichtbar, die vorderen länger als die hinteren. Und mit wüstem Gespritze stapften die vier Brachiosaurier durch das Flachwasser einer schmalen Bucht an Land.

Tropfend vor Nässe blickten sie sich um, sicherten über die Landschaft. Doch nur ein kleiner, zweibeiniger Compsognathus jagte zwischen den üppigen Farnen nach Insekten. Als er die heranstapfenden Kolosse hörte, verschwand er fluchtartig im dicht wuchernden Unterwuchs.

Sehr weit entfernten sich die Brachiosaurier nicht vom Ufer. So konnten sie bei drohender Gefahr sofort wieder ins Wasser fliehen. Sie wollten sich unter der sengenden Sonne nur ein wenig aufwärmen. Obwohl in dem tropischen Klima der Jurazeit auch das Seewasser nicht kalt war, brauchten sie als wechselwarme Reptilien die Wärmezufuhr durch die hitzeflirrende

Luft, bevor sie zum Weiden von Wasserpflanzen wieder in den kühleren See konnten.

Schwerfällig ließen sie ihre massigen Leiber in den heißen Sand nieder, um sich die Bäuche zu wärmen. Schwärme von Fliegen und anderer Insekten umsurrten ihre naß schimmernde Haut. Und wo das Wasser von ihren Körpern rann, bildeten sich feuchte Flecken im Sand.

Eine Landschildkröte kroch gemächlich vorüber ins Dickicht; ihr war zu heiß geworden unter ihrem hornigen Panzer. Die Brachiosaurier aber genossen die Sonne. Und bis auf einen legten sie ihre kleinen Köpfe mit den langen Hälsen flach auf den Boden, schienen zu dösen.

Diese Haltung hatte jedoch noch einen anderen Grund. So konnten sie jede Erschütterung des Bodens schon auf

große Entfernung wahrnehmen. Und das war bei den ständig drohenden Gefahren auch notwendig.

Trotz ihrer gewaltigen Körpergröße von bis zu einhundert Tonnen Gewicht waren die Brachiosaurier als behäbige Pflanzenfresser ziemlich wehrlos. Zur Verteidigung konnten sie nur ihre mächtigen Schwänze gebrauchen, wenn sie von einer der schnellfüßigen großen Raubechsen überrascht wurden. Lieber aber gingen sie jedem Kampf aus dem Weg.

Inzwischen war der kleine Compsognathus aus dem Dickicht zurückgekehrt. Er hatte sich wohl von der Harmlosigkeit der Kolosse überzeugt. Unbefangen lief er auf seinen zwei flinken Beinen zwischen den riesigen ruhenden Brachiosauriern umher und jagte die um sie herumschwirrenden Insekten. Zwar vertilgte er mitunter auch kleinere Reptilien, doch Insekten waren seine Hauptnahrung. Und die Brachiosaurier ließen ihn gleichmütig gewähren.

Lange aber dauerte ihre Ruhe nicht. Von irgendwo aus der Wildnis näherten sich dumpfe Geräusche, ließen den Boden leicht erbeben. Und das waren nicht so leichtfüßige Schritte wie die des kleinen Compsognathus. Was da kam, klang wesentlich schwergewichtiger. Und aufmerksam hoben die Brachiosaurier ihre langen Hälse.

Allmählich wurden die Schritte deutlicher, stampften langsam näher. Das klang kaum nach jagenden Raubechsen. Doch die Brachiosaurier blieben wachsam. Und sie beruhigten sich erst, als sie eine kleine Gruppe vierfüßiger Saurier erkannten, die

in sehr gemächlichem Tempo aus der Richtung des felsigen Seeufers kam.

Es waren Brachiosaurier wie sie selbst, allerdings meist noch ziemlich junge Tiere, begleitet von zwei größeren. Offenbar suchten sie eine flachere Uferstelle, um ins Wasser gehen zu können. Und das Flachufer in der schmalen Bucht hier schienen sie zu kennen.

Als die vorauslaufenden Kleinen die im Sand liegenden massigen Gestalten entdeckten, verhielten sie den Schritt; sie erkannten nicht gleich ihre Artgenossen. Doch einer der beiden Größeren hatte wohl mehr Erfahrung. Ohne Zögern stapfte er an den Jungen vorbei auf die lagernde Gruppe zu und an ihr vorüber zum See.

Die Kleinen aber blieben noch stehen. Neugierig beobachteten sie die fremden Großen im heißen Sand, bis der zweite Größere aus ihrer Gruppe sie weiterdrängte. Und einer hinter dem anderen platschten die Jungen gemächlich ins seichte Wasser.

Nur der Größere am Schluß blickte sich noch einmal aufmerksam um, musterte sichernd die Gegend und suchte nach einem möglichen Verfolger. Aber nur eine kleine Eidechse rannte eilig über den Sand und verschwand zwischen dem Farn, bevor der Compsognathus sie erwischen konnte.

Beruhigt wandte sich der größere Brachiosaurier dem See zu, um seinen jüngeren Gefährten zu folgen. Und gerade wollte er seine dicken Vorderfüße ins Wasser setzen, da stutzte er plötzlich.

Wie auf Kommando hatten die am

Strand liegenden Brachiosaurier ihre Köpfe gehoben. Ihre langen Hälse schnellten empor. Und mit erstaunlicher Geschwindigkeit wuchteten sie ihre tonnenschweren Körper auf die Beine. Offensichtlich hatten sie mit ihren flach am Boden aufliegenden Köpfen etwas gehört, was den anderen entgangen war.

Noch war in dem flirrenden Sonnenlicht über dem erhitzten Sand nichts zu erkennen. Und hinter Gebüsch und Bäumen der ausgedehnten Savanne im Hinterland des Sees konnte sich vieles verbergen. Die beunruhigenden Geräusche aber wurden allmählich lauter.

Inzwischen war der letzte der Ankömm-

linge in den See gestapft. Jetzt störten seine Trampelgeräusche nicht mehr. Dafür trampelte nun etwas anderes. Und das klang auch anders, irgendwie bedrohlicher, nicht so behäbig wie die Schritte von Vierbeinern.

Mit einemmal beschleunigten sich die Schritte, wurden rascher und rascher. Hier rannte ein schwergewichtiger Zweibeiner mit ziemlichem Tempo durch die Landschaft, schien zielsicher einer Spur zu folgen.

Plötzlich tauchte aus der gleichen Richtung, aus der vorhin die Gruppe der jungen Brachiosaurier gekommen war, eine hochaufgerichtete Gestalt auf: mit wuchti-

gem Kopf und weit aufklaffenden, zähnestarrenden Kiefern, die winzigen, krallenbewehrten Vorderpfoten vorgestreckt.
Es war ein mächtiger Megalosaurier, eine
neun Meter lange Raubechse. Und die
Krallen an seinen langen, stämmigen Hin-
terpfoten wirbelten beim Laufen Wolken
von Sand auf.

Als er die vier riesigen Brachiosaurier
vor sich erblickte, stoppte er unvermittelt.
Er hatte die Spuren der Kleineren verfolgt,
die er leichter überwältigen konnte, und
sah sich nun einer ganzen Gruppe viele
Tonnen schwerer Erwachsener gegenüber. Und gegen diese Kolosse mit ihren
mächtigen Schwänzen wurde ein Kampf
auch für ihn gefährlich. Deshalb zögerte
er.

Die Brachiosaurier aber warteten einen Angriff gar nicht erst ab. Geschickt nutzten sie das Zögern der Raubechse und stampften dröhnend über das Seeufer ins aufspritzende Flachwasser. Und die Raubechse bekam nur ein paar Schlammspritzer zwischen die Zähne.

Unschlüssig blieb sie am Ufer stehen. Eine Verfolgung war aussichtslos, zumal im Wasser, wo die riesigen Brachiosaurier sie weit überragten.

Das schienen die Brachiosaurier zu wissen. Ohne Aufenthalt stapften sie durch den schlammigen Untergrund ins tiefere Wasser. Und bald waren nur noch ihre auf und nieder wippenden kleinen Köpfe über der schimmernden Fläche zu erkennen.

Langsam wandte sich die Raubechse landeinwärts. Irgendwo zwischen dem wuchernden Farn hatte sie ein Geräusch gehört: ein Rascheln, wie wenn ein Tier dagegenstreifte. Und sie sah auch eine Bewegung, ein rasches Zusammenschlagen der Farnfächer.

Mit ausgreifenden Sätzen rannte sie los, den Schwanz waagerecht nach hinten gestreckt, den Rumpf flach nach vorn gebeugt. Und bevor der ängstlich im Farn verborgene Compsognathus sich in Sicherheit bringen konnte, hatte der Megalosaurier ihn überwältigt.

Die Brachiosaurier draußen im See merkten nichts von dem kurzen Kampf am Ufer. Behäbig stapften sie über den modderigen Grund, tauchten ihre langen Hälse unter und weideten Wasserpflanzen. Und wo ihre massigen Körper den See pflügten, bildeten sich Wasserwirbel an der Oberfläche, trieben abgebissene Halme zwischen den Wellen.

Als die schmale Bucht weit hinter ihnen lag, näherten sie sich wieder der Uferzone. Über dem hellen Sandstrand stand eine schattenhaft dunkle Linie. Hier reichte der Wald aus palmenähnlichen, hochstämmigen Bäumen bis fast an den See. Und das gleißende Sonnenlicht auf der Wasserfläche ließ kaum etwas erkennen.

Jetzt wurden die Brachiosaurier vorsichtiger. Auch Krokodile sonnten sich gern an sandigen Stränden oder dösten auf Beute lauernd im Flachwasser. Und von fern wirkten sie wie angetriebene Baumstämme.

Mit hoch aufragenden Hälsen stapften die Brachiosaurier weiter, musterten aufmerksam die Seefläche, achteten auf jede Bewegung. Und dort in Ufernähe bewegte sich tatsächlich etwas. Nur waren das nicht die keilförmigen Wellenlinien ins Wasser gleitender Krokodile.

Das waren nur Köpfe, keine langschnäuzigen, viel kleinere Köpfe, ab und zu verschwindend und wieder auftauchend, mit Pflanzenbüscheln zwischen den Zähnen. Dort standen Brachiosaurier im Wasser. Und wo sie geruhsam weideten, bestand keine Gefahr von Krokodilen.

Es war die Gruppe der jungen Brachiosaurier, die vorhin an der schmalen Bucht in den See gegangen war. Und jetzt wurden auch die Jungen aufmerksam. Alle richteten ihre Köpfe seewärts. Doch sie schienen nicht beunruhigt. Sie erkannten die ihnen vertrauten Gestalten.

Die vier Großen aber blieben stehen. An dieser Stelle war inzwischen alles abgeweidet. Sie mußten weiterziehen, nach noch unberührten Weidegründen suchen.

Und nicht überall gab es die schmackhaften Wasserpflanzen am Seegrund, die sie gern mochten.

Ohne große Eile wendeten sie ihre mächtigen Körper. Wasser gurgelte um ihre Flanken, vermischt mit aufgewühltem Schlamm. Und als die Gruppe der Jungen sah, daß die Großen sich wieder entfernten, setzte auch sie sich seewärts in Bewegung, schloß sich ihnen an.

Inzwischen neigte sich die Sonne dem Horizont zu. Es war Nachmittag geworden, später Nachmittag. In der schwülfeuchten Luft schwirrten Insekten, umsurrten die nassen Köpfe der Brachiosaurier. Doch sie wußten sich zu wehren, tauchten ihre langen Hälse einfach kurz einmal unter Wasser, um die Insekten loszuwerden.

So stapften sie gemächlich in Sichtweite des Ufers durch den See, gefolgt von den Jungen, die sich in der Nähe der Großen offenbar sicherer fühlten.

Allmählich jedoch traten die Ufer näher zusammen. Schon ließen sich einzelne Bäume am gegenüberliegenden Seestrand erkennen. Die Brachiosaurier näherten sich dem Zufluß am oberen Ende, wo der See in einen schmaler werdenden, langgestreckten Trichter zulief. Auch die Strömung wurde nun stärker, vor allem in der ausgewaschenen Rinne in der Mitte. Und die Rinne war auch wesentlich tiefer.

Die vier Großen konnten gerade noch ihre Köpfe über Wasser halten. Für die Kleinen aber war das Wasser hier schon zu tief.

Als die Vorderen keinen Grund mehr

unter den Füßen spürten und für Augenblicke unter den Wasserspiegel absanken, hielten sie sich vorsichtshalber am flacheren Rand der Rinne. Hier reichte die Länge ihrer Hälse aus. Und von hier hatten sie auch einen besseren Überblick.

Jetzt sahen sie, daß sie sich mitten in einer trichterförmigen Flußmündung befanden, an beiden Seiten begrenzt von sumpfigen Lagunen, die das abfallende Hochwasser hinterlassen hatte. In der Flußmitte bildete die Strömung quirlende Wirbel, überspülte die übers Wasser ragenden Köpfe der Großen, ließ sie zeitweise verschwinden. Und die Kleinen bogen ängstlich ab und stapften quer zur Strömung auf eine der Lagunen zu.

Selbst die vier Großen hatten einige Mühe, mit ihren viele Tonnen schweren Körpern gegen den zunehmenden Wasserdruck anzukommen. Nacheinander verließen sie die Rinne und folgten den Kleinen mit einigem Abstand.

In Ufernähe strömte der Fluß träger, ließ sich auf dem flacheren Grund besser laufen. Nur lag hier im Flachwasser viel angetriebenes Schwemmholz. Und die Großen musterten argwöhnisch die borkigen Stämme.

Plötzlich begann einer der Kleinen vor der Lagune aufgeregt zu stampfen, peitschte unentwegt seinen Schwanz ins Wasser. Neugierig wandten die anderen ihre Köpfe. Noch ahnten sie nichts von Gefahr. Kurz darauf fing noch ein zweiter an zu stampfen. Wild spritzend drehte er sich ein paarmal um sich selbst und versuchte dann, das nahe Ufer zu erreichen. Doch so weit kam er gar nicht.

Etwas unter Wasser hielt ihn fest, riß an seinen Füßen. Schmerz durchzuckte seinen Körper. Taumelnd brach er in die Knie. Und in einem aufschäumenden Wirbel versank er in den schlammigen Fluten.

Nun schienen einige der Baumstämme lebendig zu werden. Mit keilförmigen Wellenlinien schossen sie durch das Flachwasser der Lagune auf den versunkenen Brachiosaurier zu, rissen ihre zähnestarrenden Kiefer auf.

Die vier großen Brachiosaurier, die den Abstand zu den Kleinen gerade aufholen wollten, stoppten unvermittelt. Sie hatten genug gesehen. In der scheinbar friedlichen Lagune wimmelte es von Krokodilen.

Auch vom sandigen Strand her stürzten sich einige der riesigen Echsen ins Wasser, um sich ihren Teil von der Beute zu holen. In kurzer Zeit glich die Lagune einem brodelnden Kessel beutegieriger Krokodile. Und es schienen immer mehr zu werden.

So schnell sie auf dem verschlammten Untergrund laufen konnten, stampften die vier großen Brachiosaurier zurück ins tiefere Wasser. Zielsicher wandten sie sich der Flußmündung zu. Und die restlichen Kleinen rannten wie gehetzt hinter ihnen her. Doch keines der Krokodile folgte ihnen. Sie hatten genug Beute.

Erst ein ganzes Stück flußaufwärts näherten sich die Brachiosaurier wieder dem Ufer. Hier war es still. Nur ein dicker Baumstamm mit abgebrochenen Ästen schaukelte träge im seichten Wasser hinter einer Sandbank. Und ein schwanzloser Rhamphorhynchus hockte friedlich auf einem Ast. Sonst gab es hier kein Schwemmholz.

Auch im Fächerwald der bis zum Ufer wuchernden Farne rührte sich nichts. Es war ein guter Platz zum Ruhen, zum Auf-wärmen. Und als die Sonne blutrot im Abenddunst versank und die Schatten der Dämmerung sich über den Fluß senkten, hatten die Brachiosaurier genug Wärme gespeichert für die Nacht.

Das Gelege der Protoceratopsier

Dämmerlicht herrschte unter dem dichten Laubdach des Hangwaldes. Ein leichter, warmer Wind ließ die Blätter leise rascheln. Sonst war es still im Unterwuchs. Nur das gemächliche Stapfen eines plumpen vierbeinigen Sauriers verursachte ein dumpfes Geräusch auf dem weichen Waldboden.

Es war ein alter Protoceratops, kaum zwei Meter lang und von seltsamer Gestalt. An seinem gedrungenen Körper mit den kurzen Beinen und dem dicken Schwanz saß vorn ein riesig wirkender Kopf mit einem mächtigen Knochenkragen. Das Seltsamste an ihm aber war seine Mundpartie, die einem großen Papageienschnabel glich und mit dem er ab und zu ein paar Blätter abschnitt.

Als er aus dem Halbschatten des Hang-waldes hinaustrat in die nur von Niederwuchs und einzeln aufragenden Bäumen bewachsene Talaue nahe der Flußmündung, beschleunigte er seine Schritte. Allein und ohne Deckung fühlte er sich unsicher, als friedlicher Pflanzenfresser wehrlos den umherstreifenden Raubechsen ausgeliefert. Und er beeilte sich, zu seiner kleinen Herde aus Weibchen, Jungtieren und Altersgefährten am Rand der Lagune zurückzukehren.

Doch zwischen Gesträuch und wucherndem Farn waren die kurzbeinigen Ceratopsier aus der Ferne nicht zu erkennen. Nur ein paar vier Meter große, hochbeinige Coelurosaurier, die von weitem aussahen wie nackthäutige Straußenvögel, überragten den Grünwuchs. Aber sie waren harmlos, futterten genüß-

lich die Früchte großwüchsiger Cycasgewächse. Wo diese schnellfüßigen Zweibeiner gemächlich Nahrung suchten, drohte keine Gefahr.

Beruhigt stapfte der alte Protoceratops weiter. Unter einem Feigenbaum hielt er an. Die zahllosen Insekten, die summend die herabgefallenen Früchte umsurrten, störten ihn nicht. Und genießerisch schmatzte er ein paar saftige Feigen.

Plötzlich raschelte es unter einem nahen Farn. Erschrocken blickte er auf. Doch es war nur ein Zalambdalestes, ein rattengroßes Säugetier mit struppigem Fell, das nach den aufgescheuchten Insekten jagte. Und als er unter dem nächsten Feigenbaum nach Früchten suchte, folgte es ihm.

Hier aber lag nur der Rest einer fauligen Feige am Boden. Andere Tiere mußten schon alles aufgesammelt haben. Und an die an den Zweigen hängenden Früchte kam der plumpe kurzbeinige Protoceratops nicht heran. Mißmutig starrte er dem kleinen Säugetier nach, wie es auf flinken Pfoten geschickt auf die Äste kletterte.

Inzwischen waren die Straußdinosaurier ein Stück weitergewandert. Nur ihre schlanken Hälse mit den vogelähnlichen Köpfen wippten im Rhythmus ihrer Schritte über dem Pflanzengewirr. So hatten sie eine gute Übersicht. Nichts entging ihren Blicken. Und der kleine rundliche Protoceratops verließ sich darauf; schließlich besaßen sie viele gemeinsame Feinde unter den Raubsauriern.

Längst hatten die hochbeinigen Straußdinosaurier den plumpen Protoceratops bemerkt, doch sie kümmerten sich nicht um ihn. Für sie war er harmlos. Und als er in kurzem Abstand ihrer Spur durch die unwegsame Wildnis folgte, duldeten sie ihn in ihrer Nähe.

Allerdings machte es ihm einige Mühe, mit diesen langbeinigen, hochaufgerichteten Gestalten Schritt zu halten. Allmählich blieb er immer weiter zurück. Und er holte nur wenig auf, wenn sie zum Früchtepflükken mit ihren geschickten Greifhänden ab und zu stehenblieben. Doch er hielt sich unverdrossen an ihre Fährte, fühlte sich sicherer durch ihre Wachsamkeit.

Erst als der Boden nahe dem buchtenreichen Flußufer zunehmend sumpfiger wurde und die Straußdinosaurier keine geeignete Nahrung mehr fanden, bogen sie flußaufwärts ab zu den bewaldeten Hügeln im Hinterland. Der Protoceratops aber stapfte in Gegenrichtung der Küste zu am Ufer entlang, wo der sich verbreiternde Fluß mit mehreren Seitenarmen in eine ausgedehnte Lagune mündete.

Vorsichtig äugte er zwischen den wuchernden Pflanzen hindurch, ob nicht irgendwo ein langschnäuziges Krokodil auf Beute lauerte. Oft lagen sie wie angespülte Baumstämme am Flachufer und auf den Sandbänken reglos in der Sonne. Und sie waren schneller als der kleine kurzbeinige Saurier mit seiner plumpen Gestalt.

Doch im Moment war kein Krokodil zu entdecken. Nur eine breite verwischte Schleifspur im körnigen Schwemmsand verriet ihre Anwesenheit. Und hoch in der Luft strich ein großer, möwenartiger Seevogel von der Lagune her übers Wasser, einen Fisch zwischen seinen dicht bezahnten Kiefern.

Aufmerksam zog der alte Protoceratops Luft durch die Nasenöffnungen. Von der nahen Küste hinter der Lagune wehte der Wind fremdartige Gerüche herüber: den Geruch nach Salz und Meer und feuchtem Tang. Und auf den trägen Fluten des Flusses kräuselte der stetige Wind die Oberfläche zu winzigen Wellen.

Hier, wo das Hochwasser auf weiten Strecken der Ufer hellen Schwemmsand abgelagert hatte, suchte er nach den Spuren seiner Gefährten. Spuren gab es hier mehr als genug, nur nicht die eigenartigen Trittsiegel der Protoceratopsier mit der Schleifspur ihrer dicken Schwänze. Und mit dicht über den Boden gesenktem Papageienschnabel stapfte er quer durch die weite Sandfläche zum Strand der Lagune.

Allmählich wurde der Weg für ihn immer beschwerlicher. Im losen Sand kam der plumpe Saurier nur mühsam vorwärts, zumal der unentwegt wehende Seewind den feinen Flugsand hier zu steilwandigen Dünen angehäuft hatte. Und oft rutschte er auf halber Höhe wieder zurück.

Endlich erkannte er vom oberen Rand einer Düne aus vertraute Spuren: wenige nur, nicht die seiner gesamten Herde. Sie führten durch ein schmales Dünental weiter landeinwärts zum beginnenden Buschland.

Wie alle Ceratopsier mieden sie nach Möglichkeit die unmittelbare Nähe des Wassers, wo sie leicht von den zahllosen Krokodilen überrascht werden konnten.

So suchten sie Schutz zwischen den Dünen, die ihnen ein wenig Sicherheit bieten konnten.

Trotzdem blieb der Protoceratops wachsam. Auch die großen Landraubsaurier streiften mitunter durch die Dünen, um am nahen Strand nach angespülten Kadavern zu suchen. Und wenig später stieß er auf die mächtigen Fußabdrücke eines Tarbosauriers, die seewärts die Spuren seiner Gefährten kreuzten. Doch der Raubsaurier war offenbar weiter zur Küste gelaufen. wo sich in der Ferne am flachen Strand schattenhaft eine hohe Gestalt abzeichnete.

Jetzt bewegte sich der alte Protoceratops etwas schneller. Seine Gefährten hatten die Windungen der steilwandigen Dünentäler geschickt als Deckung genutzt. Und hier ließ sich auch besser laufen als an den Hängen der Dünen, wo der Sand stetig nachrutschte.

Nach einiger Zeit wurden die Dünen flacher, ging das hügelige Sandgebiet allmählich in Buschland über. Hier auf einem ausgedehnten Sandfleck zwischen vereinzeltem Gesträuch erkannte er Bewegung. Und das waren vertraute Gestalten.

Neugierig wandte sich ihm eine Reihe mächtiger, fast dreieckiger Köpfe zu. Es war tatsächlich seine ganze Herde, darunter einige Halbwüchsige. Und während seiner Abwesenheit war einiges geschehen.

Zwischen den Großen lagen ringförmig angeordnet mehrere Haufen ovaler Eier, einige davon schon zerbrochen. Und dazwischen wuselten ein paar winzige, kaum dreißig Zentimeter große Protoceratopsbabys herum, aufmerksam beobachtet von ihren Müttern. Die starke Sonneneinstrahlung der letzten Tage hatte die Eier im warmen Sand ausgebrütet. Und die Muttertiere hatten sie sorgsam bewacht.

Noch aber waren nicht alle Nester aufgedeckt. Dicht bei einem Gebüsch war eine Mutter gerade dabei, mit ihren kralligen Pfoten vorsichtig ein paar Eier auszugraben. Und darin schien sich etwas zu rühren.

Plötzlich bekam eins der Eier einen Riß. Ein Stück der Eischale hob sich langsam. Danach geschah eine Weile gar nichts. Das Kleine mußte sich erst mal von der Anstrengung erholen. Nach einiger Zeit bewegte sich das aufgebrochene Stück und rutschte zur Seite.

Aus der Bruchstelle schob sich etwas heraus: ein kleiner dreieckiger Kopf mit Papageienschnabel. Und ein paar winzige Pfötchen stemmten das kleine Wesen mühsam aus der Eischale.

Offenbar geblendet vom grellen Sonnenlicht, blieb es eine Zeitlang in dem Schalenrest hocken, genoß die Wärme. Schließlich krabbelte es vollends heraus und machte ein paar unbeholfene Schritte über den Sand. Noch war seine grünlich schimmernde Haut feucht von der Eiflüssigkeit. Sandkörner hafteten an seinem kleinen Schwanz und an den Pfötchen. Und erschöpft setzte es sich auf eine

noch halb im Sand vergrabene Eischale und ließ sich trocknen.

Lange jedoch währte seine Ruhe nicht. In der noch geschlossenen Eischale regte sich etwas. Und als die Schale mit leisem Knacken platzte, flüchtete das Kleine erschrocken von seinem zerbröckelnden Sitzplatz zu einem der Großen und verkroch sich unter seinem dicken Kopf.

Inzwischen war der alte Protoceratops herangekommen. Und als sei das ein Signal, entfernten sich einige der Größeren vom Nestplatz, gefolgt von ein paar Halbwüchsigen, um in der Umgebung auf Futtersuche zu gehen. In der Nähe der Gelege war bereits alles kahlgefressen. Wie noch einige andere Dinosaurier der Oberkreidezeit trieben auch die Protoceratopsier Brutpflege. Und weiterziehen konnte die Herde erst, wenn alle Jungen ausgeschlüpft waren.

Das würde allerdings noch eine Weile dauern. Zwar legten die Weibchen ihre Eier alle in ein gemeinsames Nest, oft in drei Schichten übereinander, doch mit zeitlichem Abstand. So konnte die Brut auch nur zu unterschiedlichen Zeiten schlüpfen. Und außerdem hing das auch noch von der Dauer der Sonneneinstrahlung ab.

Im tropischen Klima dieses Erdzeitalters war es immer verhältnismäßig warm. Nur das allein genügte nicht zum Ausbrüten der Eier. Dazu brauchte es Sonne, viel Sonne, um den Sand gleichmäßig zu wärmen.

Mitunter aber verdeckten Wolken die Sonne. Es gab Tage mit warmem Dauerregen. Und wenn eines der heftigen Tro-

pengewitter niederging und es zu Überschwemmungen kam, wurde es naß und merklich kühler.

In den letzten Tagen war es sehr heiß gewesen, trotz der Nähe des Meeres. So hatten die meisten Jungen aus den oberen Lagen ihre Eier verlassen können, nur eben noch nicht alle aus den tieferen Schichten.

Nun näherte sich vom See her allmählich eine Wolkenwand: blauschwarz mit scharf gezackten grellgelben Rändern. Auch der laue Wind frischte auf. Und in der Ferne überm Meer begann es leise zu grollen.

Die Protoceratopsier spürten die Veränderung. Noch aber schien die Sonne. Das Gewitter war noch weit weg. Und es konnte sich auch draußen über dem Meer entladen. Die Unruhe aber blieb.

Auch andere Tiere schienen den Wetterumschlag zu spüren. Immer wieder zogen Seevögel von der Küste her landeinwärts, flogen in geringer Höhe über den Nestplatz der kleinen Saurier. Und ein Pteranodon, ein riesiger Flugsaurier mit langschnabeligem Kopf und acht Meter klafternden Schwingen, rauschte dicht über ihnen durch die Luft. Offenbar verließen alle fluchtartig das Meer.

Zwischen den Dünen herrschte ein eigenartiges Licht. Der Himmel hatte sich gelblich verfärbt. Fahler Dunst umhüllte die Sonne. Unter den düsteren Wolken über dem Meer trieb eine breite graue Regenwand, durchzuckt von Blitzen. Und das Grollen wurde allmählich lauter.

Die Protoceratopsier rührten sich nicht. Sie wollten bei ihren Gelegen ausharren. Nur manchmal wandte einer den Kopf

gegen das nahende Unwetter, drehte ihn aber schnell wieder zur Seite, wenn der Wind ihm aufgewirbelten Sand in die Augen wehte.

Der Wind kam jetzt in Böen, trieb feinen Flugsand vor sich her, wehte ihn leise scharrend über die Eierschalen, ließ das trockene Blattwerk der Büsche rascheln. Und in die Staubfahnen mischten sich die ersten Tropfen.

Inzwischen hatte sich der Himmel völlig bezogen. Es wurde dämmerig wie am Abend. Das grelle Aufleuchten der Blitze zerriß sekundenlang das Dämmerlicht, gefolgt von langrollendem Donner. Fast schlagartig goß es in Strömen. Und der prasselnde Regen näßte den Sand und die Eier und die schuppige Haut der Saurier.

Plötzlich mischte sich in das Grollen des Donners ein anderes Geräusch: ein rhythmisches Dröhnen, das den Boden erzittern ließ. Und es näherte sich mit unheimlicher Geschwindigkeit.

Ängstlich lauernd hoben die Protoceratopsier ihre Köpfe. Diese Geräusche kannten sie. Und sie hatten sich nicht getäuscht. Zwischen den Regenschleiern über den Dünen tauchte eine furchterregende Gestalt auf: ein Tarbosaurier, mehr als zwölf Meter lang und sechs Meter hoch. Auf seinen gewaltigen, über zwei Meter großen Hinterbeinen raste er mit unverminderter Geschwindigkeit direkt auf den Nestplatz zu.

So schnell es den plumpen Protoceratopsiern mit ihren kurzen Beinen möglich war, rannten sie nach allen Seiten auseinander. Und es war keinen Augenblick zu früh.

Der riesige Tarbosaurier raste mitten durch das Gelege, zertrat mit seinen mächtigen dreizehigen Füßen die Schalen und Eier zu klebrigem Brei. Doch sein gewaltiges Maul im meterlangen Schädel mit den dolchartigen Zähnen blieb geschlossen. Er war nicht auf Jagd nach Beute, auch ihn trieb die Angst vor dem Unwetter.

Erst als er ohne Aufenthalt jenseits des Nestplatzes in den Regenschleiern hinter den Büschen verschwand, kehrten die Protoceratopsier zurück. Zwischen den zertrampelten Eiern gab es kein Leben mehr.

Aber keines der ausgeschlüpften Jungen war verletzt. Sie hatten, als die Großen flüchteten, sich seitwärts unter Gesträuch in Sicherheit bringen können. Nur eines war vom hochgewirbelten Sand der mächtigen Füße verschüttet worden. Und mühsam wühlte es sich aus dem regennassen Sandhaufen wieder heraus.

Noch war das Gewitter nicht vorüber, es nahm noch an Stärke zu. Blitz folgte auf Blitz, und das Donnergrollen riß kaum ab. Der böenartige Wind wuchs zum Sturm, drückte die Zweige der Büsche zu Boden. Und er trug in hochwirbelnden Wolken die Sanddünen ab und häufte sie an anderer Stelle zu neuen Dünen auf.

Stundenlang tobte das Unwetter ohne Unterlaß. Das ganze Dünenfeld war in Bewegung geraten. Trotz der Nässe an der Oberfläche riß der Sturm die darunterliegenden trockenen Sandschichten auf und transportierte sie weiter landeinwärts. Und als auch der Nestplatz mehr und mehr zugeweht wurde, wandten sich die Protoceratopsier erneut zur Flucht.

Weit entfernt von dem Dünenfeld, zwischen dichtem Unterwuchs machten sie halt. Auf dem Blätterdach trommelte der Regen. Dazwischen gurgelten schäumende Bäche dem Fluß zu, rissen Zweige und Kleingetier mit sich. Und einige der Jungen wurden von den Fluten mitgerissen.

Als nach Stunden der Gewittersturm nachließ, regnete es noch immer. Und es regnete die ganze Nacht. Erst am Morgen riß die dichte Wolkendecke auf. Sonne brach durch. Und in ihren wärmenden Strahlen begann die Erde zu dampfen.

Jetzt regten sich die nachtkalten Protoceratopsier unter den Büschen, krochen träge zu einem sonnigen Fleck, um sich aufzuwärmen. Und das dauert eine Weile bei wechselwarmen Reptilien.

Schließlich setzten sie sich langsam in Bewegung, folgten dem alten Protoceratops zwischen dem Gesträuch hindurch zurück zu den Dünen. Dort im aufgeheizten Sand fühlten sie sich wohler. Aber der Weg dorthin war weit. Und das Unwetter

hatte die Landschaft verändert und alle Spuren gelöscht. So folgten sie dem Geruch nach Meer, den der Wind ihnen entgegentrug.

Plötzlich zögerte der alte Protoceratops an der Spitze. Ganz in der Nähe erklang ein ungewohntes Rauschen. Und es wurde lauter, je mehr sie sich den Dünen näherten. Doch zu sehen war nichts. Nebelfahnen verstellten den Blick.

Schwerfällig erkletterte er eine kleine Erhebung. Und jetzt erkannte er, was da rauschte. Der Fluß, dessen Bett sonst eine ganze Strecke entfernt lag, war weit über die Ufer getreten, gespeist von Regenwasser. Zahllose neue Seitenarme wanden sich durch das einst trockene Land, überspülten alle tiefergelegenen Stellen. In den trüben Fluten trieben zahlreiche

Kadaver. Und die Krokodile fanden bequeme Nahrung.

Am dunstigen Himmel zogen Schwärme von Seevögeln, die vor dem Unwetter ins Inland geflüchtet waren, wieder dem Meer zu. Ein fünf Meter langer Panzerdinosaurier schleppte seine schweren Knochenkeulen am Schwanz langsam durch den Sand. Und auf einem entfernten Dünenkamm zeichneten sich die hohen straußähnlichen Gestalten einiger Coelurosaurier ab.

Unbeirrt strebte der alte Protoceratops dem verlassenen Nestplatz zu. In der Sonnenwärme wurden seine Bewegungen allmählich rascher. Ab und zu blickte er sich nach seinen Gefährten um, beobachtete die Kleinen. Und nach Stunden erreichte die Herde endlich die Stelle, wo das hügelige Buschland in spärlich bewachsene Dünen überging.

Hier irgendwo zwischen halb zugewehtem Gesträuch hatte der alte Nestplatz gelegen. Doch davon war nichts mehr zu erkennen.

Nur ein paar Straußdinosaurier weckten die Neugier des alten Protoceratops. Sie scharrten unentwegt an einer sandigen Stelle. Und mitunter beugte einer seinen langen Hals und schien mit seinem zahnlosen Schnabelmaul etwas aus der freigescharrten Kuhle aufzulecken.

Vorsichtig näherte sich der alte Protoceratops den vier Meter großen Gestalten. Und jetzt sah er, was die Straußdinosaurier hier trieben. Sie fraßen die Reste des Geleges der Protoceratopsier. Nichts war mehr übriggeblieben außer zerbrochenen Eierschalen.

Langsam kehrte der Protoceratops zu seinen wartenden Gefährten zurück. Nun überließ er den Weibchen die Führung. Sie würden irgendwo jenseits der Dünen einen geeigneten Platz für ein neues Gelege finden.

Die Insel der Flugsaurier

Über der buchtenreichen Küstenlinie der langgestreckten Insel trieben einzelne Kumuluswolken. Eine leichte Brise wehte von See her über das Flachmeer, wob bizarre Muster in die träge wogende Fläche. Es war Flugwetter. Und es war gutes Wetter zum Fischen.

Das seltsame Wesen, das hoch oben am Rand der Steilküste über einer sandigen Bucht seine mächtigen, lederartigen Flughäute spreizte, war ein Pteranodon: eines der größten Flugtiere aller Zeiten mit einer Flügelspannweite von mehr als acht Metern. Seinen dagegen fast winzigen, gerade truthahngroßen Körper bedeckte ein dichtes weiches Fell. Und an seinem kurzen Hals saß ein monströser Kopf mit langem, zahnlosem Schnabel und einem etwa gleich langen schmalen Knochenkamm am Hinterkopf.

Hier oben auf dem hohen Küstenfels fühlte sich das Pteranodon ungestört. Die riesigen Plesiosaurier mit ihren walzenförmigen Paddeln kamen nicht bis hier herauf; sie blieben in Wassernähe auf den flacheren Klippen.

Andere Raubsaurier gab es kaum auf der Insel, wenn sich nicht gerade einer bei Ebbe durch das trockenliegende Watt vom Festland bis hierher verirrte. Nur Grillen und Zikaden lärmten in den Wipfeln der Palmen und Kastanien. Und Insekten umschwirrten die ersten Blütenpflanzen, die sich um diese Zeit entwickelten.

Lange hielt sich das Pteranodon nicht auf. Von einem Flug übers Meer hatte es in seinem Kehlsack eine Anzahl Beutefische mitgebracht und hier in Ruhe verspeist. Und es hatte sich dazu einen guten Startplatz ausgesucht.

Diese riesigen Flugsaurier waren keine Flattertiere wie die Vögel, sondern ausdauernde Gleitflieger. Sie starteten gegen den Wind und ließen sich wie ein großes welkes Blatt durch die Strömung in die Luft tragen. Und Wind wehte fast immer an den Küsten.

Jetzt watschelte das Pteranodon auf seinen schwachen Füßen, die sein Gewicht kaum tragen konnten, bis an den äußersten Rand, stellte seine Flughäute in Startposition und hob ab. Fast unmerklich schwand der Boden unter seinen Füßen. Der Aufwind rauschte unter seinen weit ausgebreiteten Schwingen. Und zusehends gewann es an Höhe.

Tief unten lag die Bucht, umsäumt von flachen Klippen. Dazwischen glitzerte heller Seesand in der Sonne. Ein paar große flugunfähige Wasservögel mit breiten, schwimmhautbespannten Füßen platschten über den Strand zum Meer und tauchten wie Pinguine in die Brandungswellen. Darüber kreisten in elegantem Flug einige kleinere möwenartige Vögel, flatterten dann aber auf ihren kräftigen Schwingen rasch seewärts.

So schnell jedoch konnte ihnen der viel langsamere Gleitflieger nicht folgen. Und das hatte er auch gar nicht vor. Mit seinen scharfen Augen beobachtete er die träge wogende See, spähte nach Fischen aus. Und selbst aus dieser Höhe erkannte er unter der Wasserfläche ihre schlanken Schatten.

Trotzdem wagte er sich nicht hinunter.

Er hatte noch etwas anderes entdeckt: die fast zwölf Meter lange Silhouette eines Mosasauriers, eines gewaltigen Meereswarans, der jenseits des Flachwassers kurz hinter der Brandung offenbar darauf wartete, daß ihm einer der tauchenden Wasservögel vor sein zähnestarrendes Maul kam.

Gemächlich glitt das Pteranodon weiter hinaus in die offene See. Längst waren die schnellen möwenartigen Vögel am Horizont verschwunden. Die Brandung lag weit hinter ihm. Hier wurde das Meer tiefer. Doch noch immer reichte das Sonnenlicht bis zum Grund. Und über dem hellen Sand hoben sich die dunkel gleitenden Schatten der zahllosen Meerestiere deutlich ab.

Quallen und Seelilien trieben träge in der Strömung. Ein fünf Meter langer Knochenfisch verschlang gerade einen kleineren, dessen Schwanz noch aus dem Maul des Großen ragte. Und eine riesige Meeresschildkröte mit einem mehr als drei Meter langen weichen Panzer paddelte über einer langgestreckten Austernbank.

Von großen Raubsauriern war im Meer weit und breit nichts zu sehen. Sie ließen sich aus der Höhe schon von fern im lichtdurchfluteten Flachmeer erkennen. Und im Gegensatz zu den großen Haifischen mußten die lungenatmenden Meeressaurier ab und zu auftauchen, um Luft zu schnappen.

Vorsichtig ließ sich das Pteranodon tiefer gleiten. Diese riesigen Flugechsen mit ihrem hochentwickelten, vogelähnlichen Gehirn waren bemerkenswert intelligent. Und sie lernten aus Erfahrungen, lernten,

sich vor den vielfältigen Gefahren der Kreidemeere zu schützen. Denn mit ihren zahnlosen Kiefern und ihren ungeschützten, nur mit Fell bedeckten Körpern waren sie gegenüber größeren Angreifern völlig wehrlos. So sicherte ihnen nur äußerste Vorsicht und bei Gefahr eine rasche Flucht das Überleben.

Das Pteranodon nutzte den günstigen Augenblick. Zielsicher steuerte es auf einen Schwarm kleinerer Fische zu, der dicht unter der Oberfläche schwamm, tauchte seinen langen Schnabel halbgeöffnet ins Wasser. Einige der Fische konnten noch flüchten. Doch der Fang genügte. Und mit einem randvoll gefüllten Kehlsack hob sich das Pteranodon auf seinen mächtigen Schwingen hoch in die Luft und flog in weitgezogenem Bogen zurück.

Schon nach kurzer Flugzeit zeichnete sich am Horizont die schmale Küstenlinie der Insel ab. Noch aber war es ein weiter Weg. Und der Wind stand ungünstig.

Inzwischen hatte die Ebbe eingesetzt. Die großen Meeresraubtiere, die im Flachwasser nach strandnaher Beute gejagt hatten, zogen mit dem zurückflutenden Meer seewärts. Einzelne Sandbänke hoben sich schon aus dem Wasser, umkreist von Seevögeln, die nach Wattwürmern suchten. Und in der Strömung der Priele trieben Ammoniten.

Direkt vor der Inselküste lag das Watt schon fast trocken, nur teilweise noch bedeckt von einer dünnen Wasserschicht. Und das abfließende Wasser hinterließ bizarre Muster im nassen Sand.

Dafür hatte das Pteranodon keinen

Blick. Diesmal steuerte es eine andere Küstenstelle an.

Die Fische in seinem Kehlsack dienten nicht seiner eigenen Nahrung, sie waren für seine Jungen bestimmt. Und die Jungen befanden sich auf einem abgeflachten Felsen nahe dem Strand außerhalb der Überflutungszone, wo sie vor Raubfeinden sicher waren.

Aber das Pteranodon landete nicht. In immer enger werdenden Kreisen flog es dicht über die kleinen, auf dem Bauch liegenden Körper seiner Jungen hinweg, die mit hochgereckten Köpfen zu ihm aufblickten. Und jedesmal ließ es einen Fisch in die gierig aufgesperrten Schnäbel fallen.

Nicht immer jedoch gelang den Kleinen das Aufschnappen. Manchmal fiel auch ein Fisch daneben auf den Fels. Dann bewegte sich das am nächsten liegende Junge halb auf seinem bepelzten Bauch rutschend, halb auf seinen viel zu schwachen Beinen hopsend und dabei immer wieder auf den Bauch fallend, unbeholfen zu dem Fisch hin. Doch der Fisch mit seiner glitschigen Haut rutschte dem Kleinen meist wieder aus den zahnlosen Kiefern. Und aufs Meer hinausfliegen und selber

Fische fangen konnten die Jungen noch nicht; dazu waren sie noch viel zu klein.

Auch jetzt war wieder mal ein Fisch auf dem Fels gelandet, ein ziemlich großer Fisch, genau in der Mitte zwischen zwei hungrigen Jungen. Und beide rutschten und hopsten mit hilflos wackelnden Flügeln darauf los, wobei sie fast gleichzeitig bei der ersehnten Beute ankamen. Nur gelang es weder dem einen noch dem anderen, den Fisch vollständig in den Schnabel zu bekommen. Immer wieder glitschte er weg.

Doch durch das Gerangel brachen zwischen ihren scharfkantigen Schnabelrändern einzelne Brocken aus dem Fisch heraus. Und diese Stückchen konnten die Kleinen schon eher bewältigen. Auf diese Weise zerlegten sie den Fisch allmählich in einzelne Teile. So bekamen beide etwas davon. Und sie hatten wieder etwas dazugelernt.

Ihre Mutter über ihnen in der Luft beobachtete genau, wie die Jungen sich um den Fisch balgten. Sie wußte aus Erfahrung, daß zum Schluß nichts übrigbleiben würde. Und da ihr Kehlsack leer war, startete sie ohne Aufenthalt gegen den Wind zu einem neuen Beutezug aufs Meer.

Bei Ebbe aber hatte sie einen viel weiteren Weg bis zur offenen See. Weithin dehnte sich die noch nasse Sandfläche des Watts, unterbrochen nur vom Restwasser einiger Tümpel und den gewundenen Flußläufen der Priele.

In der unentwegt seewärts rinnenden Strömung schwammen Garnelen und kleinere Fische. Zwischen Tangfetzen und Grünalgen lagen Seeigel und Schlangen-

sterne und zahllose Muscheln und Meerschnecken. Und einige der schwimmunfähigen Wasservögel watschelten achtlos über die winzigen Sandhäufchen der Wattwürmer.

Für das Pteranodon gab es im Watt keine Beute. Zum Fischefangen brauchte es die hohe See. Wind rauschte unter seinen weit ausgebreiteten lederhäutigen Schwingen, trug es dem Horizont entgegen. Und dort schimmerte noch undeutlich die leicht gewellte Wasserlinie in der Sonne.

Kurze Zeit später hatte das Pteranodon die Wattgrenze überflogen. Nur vereinzelt noch ragten die schmalen Erhebungen größerer Sandbänke aus dem Flachmeer, die nur bei Flut völlig überspült wurden. Eine gewichtige Schildkröte platschte mit ihren breiten Paddeln durch das seichte Wasser, schurrte dabei mit ihrem weichen Bauch über den sandigen Grund. Und ein paar Krebse flüchteten.

Inzwischen hatten sich die Kumuluswolken zu dicken Haufen aufgetürmt, bedeckten fast die Hälfte des Himmels. Noch aber schien aus verwaschenem Blau eine grelle Sonne, malte schillernd helle Flecken zwischen die dunklen Wolkenschatten im Wasser.

Doch was das Pteranodon im allmählich tiefer werdenden Meer entdeckte, sah nur von weitem aus wie ein Schatten. Beim Näherkommen wurde aus dem Schatten ein koloßartiger Körper. Ein schlangenhafter Hals mit winzigem Kopf ragte hoch in die Luft. Und dieses Wesen bewegte sich auf seinen walzenförmigen Paddeln schwerfällig einem tieferen Priel

zu. Doch auch hier in der Strömung des Priels reichte die Wassertiefe für dieses riesige Tier noch nicht zum Schwimmen.

Der viele Tonnen schwere Plesiosaurier war offenbar von der Ebbe im Watt überrascht worden und hatte nicht rechtzeitig die offene See erreichen können. Und in dem ständig weiter abfließenden Wasser konnte er weder jagen noch sich vor der brennenden Sonne schützen. Er mußte ausharren, bis die Flut zurückkehrte.

Trotzdem hatte er noch Glück. Die Wol-

kenwand schob sich allmählich vor die Sonne. Und auch die Stelle, wo er gestrandet war, lag nun im Schatten.

Aufmerksam beobachtete das Pteranodon den nun fast blauschwarzen Himmel und die veränderte See. Jetzt wirkte das vorher lichtdurchflutete Meer grau wie stumpfes Blei. Es war kaum noch zu erkennen, was sich unter der Wasseroberfläche bewegte. Die Jagd auf Fische wurde schwieriger und gefährlicher. Aber dem Pteranodon blieb keine Wahl. Seine Jun-

gen hatten Hunger und wollten gefüttert werden.

Entschlossen setzte das Pteranodon zum Tiefflug an, strich dicht über die Wellen. Fische gab es hier genug, trotz der schlechten Sicht. Nur waren sie entweder zu groß oder zu klein. Große konnte es nicht bewältigen, und Kleine lohnten nicht. Was es suchte, war ein Fischschwarm knapp unter der Oberfläche, in den es hineinstoßen und seinen Kehlsack füllen konnte.

Lange schon währte seine Suche. Und inzwischen war es weit draußen überm Meer. Endlich erkannte es einen Schwarm kleinerer Fische. Aber genau in dem Augenblick, als das Pteranodon seinen langen spitzen Schnabel ins Wasser stieß, bemerkte es kurz hinter dem Schwarm ein riesiges zahnbewehrtes Maul. Ein Mosasaurier jagte hinter derselben Beute her. Und in einer kühnen Kurve drehte das Pteranodon ab und brachte sich außer Gefahr.

Eine Weile segelte es im Gleitflug auf halber Höhe über die graue See. Inzwischen hatte der Wind weiter aufgefrischt. Die Wellen stiegen höher. Vereinzelt zeigten sich schon Schaumkronen. In Wellentälern ließen sich dicke Klumpen treibender Quallen erkennen. Und sekundenlang tauchten einzelne Fangarme eines riesigen Ammoniten auf.

Wenig später entdeckte das Pteranodon einen neuen Fischschwarm, nicht ganz so groß wie der vorhin, aber reichhaltig genug für gute Beute. Doch es setzte gar nicht erst zum Tiefflug an. Unweit davon zeichnete sich im Meer die hohe Rückenflosse eines Haifisches ab.

Wieder zog das Pteranodon hoch, ließ sich von einer Windböe nach oben tragen.

Und es spürte an dem pfeifenden Geräusch unter seinen Flughäuten, daß der Wind allmählich zum Sturm wuchs. Viel Zeit blieb nicht mehr für einen Fang. Wenn die Wogen zu hoch gingen, konnte ein Brecher auch seine zerbrechliche Gestalt in die Tiefe reißen.

Jetzt änderte das Pteranodon die Flugrichtung. Bevor der Sturm mit voller Gewalt losbrach, mußte es die schützende Küste der Insel erreicht haben. Und der Weg zurück war weit, zumal es immer schwieriger wurde, gegen die steifen Böen genauen Kurs zu halten.

Vorsichtig ließ es sich tiefer über die unruhige Meeresfläche gleiten. Unter dem düsteren Himmel wirkte das Wasser beinahe schwarz. Nur die schäumenden Wel-

lenkämme schimmerten weiß. Und mitten in einem Wellental schimmerte noch etwas anderes: ein stattlicher Fischschwarm, der gerade vor einer anrollenden Woge abtauchen wollte.

Ohne Zögern stieß das Pteranodon hinunter, stieß seinen langen Schnabel in den Schwarm kleinerer Knochenfische. Und die Beute reichte für einen gefüllten Kehlsack. Doch in diesem Augenblick war die Woge heran, brach sich mit donnerndem Getöse. Gleichzeitig drückte eine Böe seine Schwingen mit Gewalt nach unten. Und bevor das Pteranodon hochziehen konnte, spürte es die windgepeitschten Spritzer der brechenden Welle am Körper.

Einen Moment taumelte es kaum hand-

breit über dem brodelnden Gischt, dann war die Woge weiter gerollt. Und über dem nächsten Wellental packte eine erneute Böe seine taumelnde Gestalt und riß sie empor.

Kurze Zeit nur verlor das Pteranodon die Orientierung. Dann erkannte es hinter den tieftreibenden Wolkenfetzen die ferne Küstenlinie der Insel. Und zielsicher hob es sich hoch in die Luft, während der Wind seine nassen Schwingen trocknete.

Ein paarmal noch wurde es von einer steifen Böe vom Kurs abgetrieben, doch die Insel behielt es immer im Blickfeld. Und wenig später überflog es die tosende Brandung.

Von hier war es nicht mehr weit bis zu

dem abgeflachten Felsen über dem Küstensaum, wo seine Jungen auf Nahrung warteten. Schon sah es sie ängstlich zusammengeduckt auf dem sturmumtobten Fels hocken. Aber zwei fehlten: die Kleinsten. Sie waren von einer Sturmböe hilflos hinweggefegt worden. Tief unten vor dem Fels im aufgewirbelten Sand der Bucht lagen ihre zerschmetterten Körper.

Die anderen wagten kaum, ihre Köpfe zu heben. Und keines öffnete auch nur spaltbreit den Schnabel. Ihre Angst war stärker als ihr Hunger.

Trotzdem wagte ihre Mutter, einen Fisch hervorzuwürgen. Doch der Fisch landete weit abgetrieben auf einer Klippe.

Jetzt begriff sie, daß eine Fütterung bei dieser Windstärke nicht möglich war. Und lange konnte auch sie sich nicht mehr gegen den Sturm in der Luft halten. Entschlossen setzte sie zur Landung an.

Doch es wurde mehr ein Sturz als eine Landung. Meterweit rutschte sie hilflos getrieben über den Fels und blieb auf dem fellbedeckten Bauch liegen, mitten unter ihren Jungen.

Eine Weile lag sie so, halb benommen vom Sturz. Dann versuchte sie zaghaft, ihre Schwingen leicht anzuheben, sich ein wenig aufzurichten. Und es gelang ihr mit einiger Mühe, während sie den restlichen Fisch stoßweise aus ihrem Kehlsack würgte.

Keines von den Kleinen bewegte sich. Der Fisch blieb unberührt, klebte schleimig auf dem nackten Fels. Und er lag noch, als Stunden später die mondlose Nacht hereinbrach: eine sturmdurchtobte Nacht.

Erst mit der Morgendämmerung ließ der Sturm nach. Der Strand in der Bucht war übersät mit angespültem Treibgut. Ein paar flugunfähige Seevögel stocherten in der bequemen Beute. Und eine angetriebene Meeresschildkröte schob ihren gepanzerten Körper schwerfällig über den Sand dem muschelbedeckten Flutsaum zu.

Sonne brach durch die zerwehenden Wolken. Und mit dem abflauenden Wind startete das Pteranodon zu einem neuen Beuteflug übers Meer.

Entenschnabelechsen der Oberkreide

Zwischen den Stämmen des lichten Kiefernwaldes bewegte sich eine Gruppe merkwürdiger Gestalten. Ihre schlanken, auf zwei kräftigen Hinterbeinen hoch aufgerichteten Körper mit der schuppenlosen, braungrünen Haut glichen denen anderer großer Dinosaurier. Doch statt einer Reptilschnauze trugen sie an ihrem mittelgroßen Kopf einen breiten hornigen Entenschnabel mit mehr als zweitausend kleinen Zähnen. Und auch ihre Vorderfüße mit Schwimmhäuten zwischen den Zehen wirkten eher entenartig.

Diese seltsamen Wesen waren Anatosaurier: Entenschnabelechsen, mehr als neun Meter lang und vier Meter hoch. Sie lebten in kleinen Herden, ernährten sich von Früchten, Samen und kleinen Zweigen und fühlten sich an Land genauso wohl wie im Wasser.

Im Augenblick weideten sie gerade Kiefernnadeln ab. Dabei achteten sie sorgsam darauf, daß ihre kaum ein Meter großen Jungen in ihrer Mitte auch genügend zarte Zweige abbekamen, die sie mit ihren Schnäbeln aus den Wipfeln rissen. Einer der Älteren jedoch lief, aufmerksam seinen eigenartigen Entenkopf wendend, etwas abseits, um mit seinem ausgeprägten Geruchssinn drohende Gefahren frühzeitig wittern zu können. Und die anderen in der Herde verließen sich auf sein Warnsignal.

Plötzlich schien der Boden leicht zu beben. Ein leises, aber deutlich vernehmbares Grollen klang von irgendwoher, klang ähnlich wie fernes Gewitter. Aber der Himmel über den lichten Baumwipfeln war wolkenlos blau. Und auch der laue Wind brachte keine Witterung von einem tonnenschwer heranstapfenden Raubsaurier.

Verwirrt unterbrachen die Anatosaurier ihre Nahrungsaufnahme. Als friedliche Pflanzenfresser waren sie wehrlos jedem Angriff ausgeliefert. Nur ihre gute Witterung verhalf ihnen rechtzeitig zur Flucht. Doch wenigstens die Fluchtrichtung mußten sie kennen. Das unheimliche Grollen aber schien aus der Erde zu kommen.

Als das fremdartige Geräusch ebenso plötzlich verstummte, wie es begonnen hatte, beruhigten sie sich wieder und rupften weiter an den Kiefernzweigen. Doch lange hielt die Stille nicht an. Schon kurze Zeit später ertönte erneutes Grollen. Ein Erdstoß ließ den Boden schwanken, heftiger noch als vorhin. Die Wipfel der Bäume zitterten, einige Stämme neigten sich. Das Grollen wurde zum Dröhnen. Der trockene Boden bekam Risse. Und die Anatosaurier rannten in panischer Flucht aus dem Wald, um sich vor umstürzenden Bäumen in Sicherheit zu bringen.

Es war eines der in der Zeit der Oberkreide häufigen Erdbeben. Doch trotz der Häufigkeit blieb die Ursache der unheimlichen Erscheinung für die Tiere unerkennbar. Sie spürten nur die Gefahr. Und sie fühlten eine dumpfe Angst vor dem Unabwendbaren.

Doch auch dieser Erdstoß dauerte nur kurz. Danach herrschte wieder Ruhe. Und die Ruhe hielt an. Nur das Lärmen der Zikaden in der mit ersten Süßgräsern, bunten Blütenpflanzen und vereinzelten Bäumen bedeckten Flußniederung drang durch die Stille.

Hier fühlten sich die Anatosaurier sicherer als im Wald mit den brechenden Stämmen. Aber in dem niedrigen Bewuchs waren sie mit ihren vier Meter hohen Gestalten auch weithin sichtbar für jagende Raubsaurier. Und sie sicherten noch aufmerksamer witternd das Gelände.

Im Moment deutete nichts auf eine drohende Gefahr. Dafür gab es hier schmack-hafte Nahrung im Überfluß. Vor allem die Jungtiere futterten gierig die süßen Früchte der Feigenbäume. Und die Großen überließen sie ihnen.

Trotzdem drängten sie die Kleinen näher zum Wasser. Zwischen Sumpfzypressen und Weidengestrüpp mündete ein breiter sandiger Fluß in einen großen Süßwassersee. Flirrendes Sonnenlicht spiegelte sich auf der weiten Fläche. Reiher und Pelikane glitten im Tiefflug über die Wellen. Und im Flachwasser wateten leuchtendrote Flamingos.

Noch hatten die Anatosaurier das Ufer nicht erreicht, da ertönten von der Flußmündung her lautstarke trompetenähnliche Geräusche. Diese Laute kannten die

Anatosaurier. Dort stieß ein ihnen verwandter Helmdinosaurier seinen Warnruf aus. Und das bedeutete Gefahr.

Einen kurzen Augenblick später warnte auch der größte der Anatosaurier. Doch bei ihm klang es mehr wie ein dumpfes,

auf- und abschwellendes Schnarchen. Er hatte fast gleichzeitig Witterung bekommen: Witterung von einer großen Raubechse. Und wie auf Kommando brach die Herde der Anatosaurier durch den Unterwuchs zum Seeufer.

Doch auch von der oberhalb liegenden Flußmündung näherten sich noch andere Geräusche: Brechen von Zweigen und das Stampfen schwerer Schritte. Ein Helmdinosaurier mit seinem bizarren Knochenkamm auf dem Kopf rannte auf seinen schlanken, vogelfüßigen Beinen am Seeufer entlang, verfolgt von einem riesigen Tyrannosaurier.

Offenbar suchte der Helmdinosaurier eine tiefere Uferstelle, wo er der Raubechse entkommen konnte. Und er fand sie

79

gerade noch rechtzeitig, nur unweit von den erschrocken stockenden Anatosauriern. Ohne sein Tempo zu vermindern, warf er sich in das hoch aufspritzende Wasser und schwamm der Raubechse zügig davon.

Der Tyrannosaurier stoppte schwankend. Stoßweise pfiff sein Atem durch das dolchartige Gebiß. Doch nur sein Blick folgte den Flüchtenden. Im Wasser schwimmend blieb die Beute für ihn unerreichbar.

Plötzlich wandte er seinen riesigen Schädel lauernd landeinwärts. Im Jagdeifer hatte er kaum auf die nähere Umgebung geachtet. Jetzt aber sah er die hoch aufgerichteten Gestalten der Anatosaurier, die seitwärts von ihm hastig durch

den Unterwuchs rannten. Und schnaufend stapfte er los, um ihnen den Weg abzuschneiden.

Doch die Anatosaurier hatten keine Wahl. Nur im Wasser waren sie sicher vor der gefräßigen Raubechse. Und auf ihren schlanken Beinen waren sie gute Läufer. Aber ihre noch kleinwüchsigen Jungen kamen nicht so schnell mit. Und zurücklassen wollten sie sie nicht.

Schützend nahmen sie die Kleinen in ihre Mitte. Weit war es nicht mehr bis zum Seeufer. Schon flüchteten die Flamingos vor den herandröhnenden Großsauriern aus dem Flachwasser der Uferzone in die Luft, hoben sich rot leuchtend ab gegen den blauen Himmel. Die Raubechse beachtete sie kaum. Und sie beschleunigte ihre Schritte.

Den Anatosauriern blieb kaum noch eine Möglichkeit zum Ausweichen. Trotzdem versuchten sie es, bogen leicht seitlich ab. Doch hier war der Weg zum See länger, wurde der Boden sumpfiger.

Mit vier Meter langen Riesenschritten rannte der Tyrannosaurus auf die selbe Stelle zu. Und auch er spürte den weicher werdenden Boden. Doch er war schwerer als die Anatosaurier, sank mit seinem größeren Gewicht tiefer ein. Und das bremste seinen Lauf.

In diesem Augenblick geschah etwas Unerwartetes. Mit einer seiner mächtigen Fußkrallen trat er einem flach am Boden dösenden Riesenkrokodil auf den Schwanz. Und blitzartig fuhr das fast achtzehn Meter lange Krokodil herum und verbiß sich in der Schwanzspitze des Tyrannosauriers.

Von dem Kampf der beiden riesigen Echsen sahen die Anatosaurier schon nichts mehr. Nur wenige Schritte vom Kampfplatz entfernt erreichten sie das Seeufer, platschten spritzend durch das Flachwasser, bis es tief genug wurde zum Schwimmen. Jetzt waren sie unerreichbar für den Tyrannosaurier, der das Wasser mied.

Nur gab es hier noch andere Gefahren: die Riesenkrokodile. Aufmerksam blickte einer der Anatosaurier zurück zum Ufer.

Doch das Krokodil dort war beschäftigt. Zwischen aufgewirbeltem Morast wälzten sich die beiden Riesenechsen im Sumpf. Offenbar hatte das Krokodil mit seinen mächtigen Kiefern den Tyrannosaurier am Schwanz zu Boden gerissen. Gegen diesen gewaltigen Gegner kam auch der größte der Raubsaurier nicht an. Und am Boden liegend war er als Zweibeiner dem Krokodil unterlegen.

Der sichernde Anatosaurier aber blieb vorsichtig. Zwar hatte er beim Schwimmen mit seinem kaum über den Wasserspiegel ragenden Entenkopf nur geringen Überblick, doch die keilförmigen Wellenlinien heranschießender Krokodile konnte er zumindest im näheren Umkreis erkennen. Und am Rand seines Gesichtsfeldes kamen auch tatsächlich einige von der Seemitte her.

Mit einem warnenden Schnarchgeräusch wies er seine Herde in eine andere Richtung, mehr auf die Flußmündung zu. Und er beobachtete weiter. Aber die Krokodile im See behielten ihre Richtung bei,

schwammen in gerader Linie zum Kampfplatz am Ufer. Offenbar wollten sie sich ihren Teil an der Beute holen. Und wenig später waren sie außer Reichweite.

Inzwischen hatten die Anatosaurier die Seemitte gekreuzt, vorbei an einer spärlich bewachsenen Sandbank vor der Flußmündung. Und sie musterten mißtrauisch den flachen Strand voller Astwerk. Doch die Baumstämme im Sand waren nur angetriebenes Schwemmholz. Die Krokodile, die sich sonst dort sonnten, waren auf Jagd.

So erreichten die Anatosaurier ungefährdet die Nähe des jenseitigen Seeufers. Hier schien alles ruhig, kein Krokodil war zu sehen. Unweit fischte ein Reiher im Flachwasser. Ein paar Pelikane mit gefüllten Kehlsäcken watschelten am Strand entlang. Und weiter hinten im Unterwuchs ragte der mächtige Kopf eines friedlichen Dreihornsauriers über die Grünpflanzen.

Mit einemmal ertönte wieder das unheimliche Grollen. Und diesmal war es

unter ihnen, schien direkt aus dem See zu kommen. Die Baumwipfel in der Uferzone schwankten. Der Dreihornsaurier raste wie gehetzt davon. Die Pelikane und der fischende Graureiher hoben mit mächtigen Flügelschlägen ab. Und eine Flutwelle klatschte gegen die Ufer und überspülte die Köpfe der Anatosaurier, trieb die Herde auseinander.

Erst lange nachdem das Grollen verklungen war, beruhigte sich der Seespiegel wieder. Danach war es, als sei nichts geschehen. Und noch ein wenig ängstlich stiegen die Anatosaurier durch das Flachwasser an Land.

Insekten umschwirrten ihre nassen Körper. Wasser rann von ihrer schuppenlosen Haut. Ein warmer Wind wehte Blütenduft aus den Wiesen. Es war friedlich hier und still. Kein Beben mehr erschütterte die Erde. Allmählich verloren die Anatosaurier ihre Angst und begannen zu weiden.

Wissenswertes über die Saurier des Erdmittelalters

Die Zeit des Erdmittelalters *(Mesozoikum)* begann vor etwa zweihundertvierzig Millionen Jahren und endete vor rund fünfundsechzig Millionen Jahren. In diesem für uns unvorstellbar langen Zeitraum zwischen Erdaltertum und Erdneu-

zeit ereignete sich eine Vielzahl von Entwicklungen, die das Aussehen unseres Planeten veränderten: in Verschiebungen der Kontinentalschollen, im Klima und in der Lebewelt der Pflanzen und Tiere.

Insgesamt herrschte während der drei

Perioden des Erdmittelalters *Trias*, *Jura* und *Kreidezeit* ein wärmeres Klima mit tropischem bis subtropischem Charakter. Kaltzeiten mit Vereisungen gab es nicht, wohl aber Meeresspiegelschwankungen mit dadurch bedingten klimatischen Veränderungen.

Für die Reptilien, deren Anfänge bis ins Erdaltertum zurückreichen, war das ein ideales Klima. Als wechselwarme Tiere, deren Körpertemperatur von der jeweiligen Außentemperatur abhängig ist, bedeuteten nur geringe Temperaturunterschiede die beste Voraussetzung für eine erfolgreiche Entwicklung. Nicht zuletzt aus diesem Grund nennt man das Erdmittelalter das Zeitalter der Saurier, die sich ja aus urtümlichen Reptilien entwickelten

und schließlich alle Lebensbereiche, das Land, das Meer und auch den Luftraum eroberten.

So hatten sich die Ichthyosaurier, die Plesiosaurier und die Mosasaurier nahezu vollkommen dem Leben im Meer angepaßt, während die Pterosaurier sich zu mehr oder weniger leistungsfähigen Gleitfliegern entwickelten und auch die heute noch lebenden Krokodile in vielfältigen Formen ihre Glanzzeit erlebten.

Die größte Formenvielfalt aber entwickelten die Dinosaurier, die ihren Namen „Schreckensechsen" dem britischen Gelehrten Richard Owen verdanken und von denen inzwischen mehr als 250 Arten entdeckt wurden. Sie gliedern sich in zwei Haupttypen: die Echsenbecken-Dinosaurier *(Saurischier)* mit einem dreistrahligen Becken, zu denen neben Pflanzenfressern

alle fleischfressenden Raubechsen gehörten, und die harmlosen pflanzenfressenden Vogelbecken-Dinosaurier *(Ornithischier)* mit einem vierstrahligen Becken. In beiden Gruppen gab es nahezu alle Größen: winzig wie Hühner oder riesig wie vierstöckige Häuser und bis zu 100 Tonnen schwer waren die Dinosaurier. Und ebenso unterschiedlich sahen sie auch aus: die Echsenfuß-Dinosaurier *(Sauropoda)* auf vier säulenförmigen Beinen, die Vogelfuß-Dinosaurier *(Ornithopoda)* hoch aufgerichtet auf zwei Beinen laufend.

In der ersten Periode des Erdmittelalters lebte die Trias-Echse *Saltoposuchus.* Sie war nur knapp 90 Zentimeter lang, mit eidechsenartigem Körper, krokodilähnlichem Knochenbau, relativ großem Kopf, und lief auf ihren Hinterbeinen, wobei sie

sich auf ihren langen Schwanz stützte und mit den handähnlichen Vordergliedmaßen Nahrung ergriff. Sie war vermutlich Allesfresser und gehört zu einer stammesgeschichtlich wichtigen Reptiliengruppe, von der sich wahrscheinlich Entwicklungslinien zu den Krokodilen und Schildkröten, aber auch zu den Vögeln und den riesenhaften Dinosauriern abspalteten.

Im Unterjura waren die 3 bis 5 Meter langen *Plesiosaurier* in dem zeitweilig überwiegend vom Meer bedeckten Europa weit verbreitet. Im Gegensatz zu den fischgestaltigen Ichthyosauriern lebten sie amphibisch, konnten sich also auf ihren vier walzenförmigen Paddeln watschelnd auch an Land bewegen. Ihr Körper mit kurzem Schwanz war bootsförmig; und auf ihrem langen, schlangenhaften Hals saß ein kleiner Kopf mit bezahn-

tem Maul, mit dem sie hauptsächlich Fische und Mollusken fingen.

Die bis zu 6 Meter langen *Stegosaurier* des Oberjura waren Dinosaurier der Ornithischier-Gruppe von bizarrer Gestalt. Auf ihrem 2,5 Meter hohen gewölbten Rücken trugen sie eine doppelte Reihe dicker dreieckiger Hornplatten, die von ihrem winzigen Kopf bis zu dem mit mächtigen Stacheln bewehrten Schwanz reichten. So waren die langsamen, auf vier ungleich langen Beinen behäbig weidenden Pflanzenfresser gegen Angriffe von Raubechsen gut geschützt.

Ebenfalls typische Dinosaurier der Jurazeit waren die zu den Saurischiern zählenden, 25 Meter langen und mit ihrem schlanken Hals 12 Meter hohen *Brachiosaurier,* die sich mit ihren bis 80 Tonnen schweren, massigen Körpern auf vier säulenförmigen Beinen durch Sümpfe und Seen bewegten und mit ihren kräftigen Zähnen im kleinen Kopf vorwiegend Wasserpflanzen abweideten. Als friedlichen Pflanzenfressern blieb ihnen nur der mächtige lange Schwanz zur Verteidigung.

Die nur 2 Meter langen, zur Gruppe der Ornithischier gehörenden *Protoceratopsier* gelten als Anfangsglied der Horndinosaurier, der Ceratopsier, die sich über verschiedene Entwicklungslinien bis zu dem rund 8,5 Meter langen und 2,5 Meter hohen Triceratops der Oberkreide entwickelten. Zwar besaßen die Protoceratopsier noch kein Horn, jedoch bereits den typisch geformten großen Gesichtsschädel mit papageienähnlichem Schnabelmaul und dem eigenartigen Knochenkragen. Sie lebten in kleinen Herden, liefen mit ihrem plumpen Körper auf vier kurzen Beinen, schleppten ihren langen Schwanz nach und ernährten sich von Pflanzenkost.

Das *Pteranodon,* das größte fliegende Lebewesen aller Zeiten, war mit seiner Flügelspannweite von mehr als 8 Metern, seinem dagegen winzig wirkenden, fellbedeckten Körper und dem markanten Schnabelkopf mit nach hinten verlängertem Knochenkamm eine der beeindruckendsten Gestalten der Oberkreide. Dieser riesige Flugsaurier war vermutlich bereits warmblütig, lebte in Küstennähe und jagte als Gleitflieger über dem Meer nach Fischen, die er für seine Jungen aus dem Kehlsack würgte und sie damit fütterte.

In der letzten Phase des Erdmittelalters lebten die *Anatosaurier,* was wörtlich übersetzt „Entenechse" bedeutet. Und mit ihrem über 2000 kleine Zähne enthaltenden, entenförmigen, breiten, hornigen Schnabel besaß ihr Kopf auch eine bemerkenswerte Ähnlichkeit mit Enten. Sie gehörten zur Gruppe der Hadrosaurier, vogelfüßigen Dinosauriern, den Ornithopoden, waren von schlankem Körperbau, erreichten eine Länge von 9 Metern und, auf zwei Beinen aufgerichtet, eine Höhe von 4 Metern. Sie lebten herdenweise, verständigten sich vermutlich durch Laute, trieben offensichtlich Brutpflege, besaßen einen ausgeprägten Geruchssinn und bewegten sich als ausgezeichnete Schwimmer und Läufer an Land so gut wie in Flüssen und Seen, wo sie sich ausschließlich von Pflanzen ernährten.

Auf wissenschaftlichen Grundlagen entwickelte, ausführlich geschilderte Lebensbilder vom Brontosaurier in der Periode des Jura und vom Triceratops in der Periode der Oberkreide, die beide zu den interessantesten Dinosauriern gehören, habe ich in den beiden Bänden „Duna, der Dinosaurier" und „Trigan, der Dreihornsaurier" in meiner Buchreihe „Tiere in ihrem Lebensraum" entworfen. In dem vorliegenden Band jedoch ging es mir darum, einige für die jeweilige Periode des Erdmittelalters typische Vertreter der Saurier mit ihrem sehr unterschiedlichen Verhalten in kurzen, für ihre damalige Lebenssituation beispielhaften Episoden darzustellen, um einen, wenn auch bruchstückhaften Überblick der Entwicklungen dieses Erdzeitalters bieten zu können.

Alle Saurier, die ja in einer menschenleeren Welt lebten, waren folglich durch

Menschen nie gefährdet. Ihr Aussterben am Ende der Kreidezeit hatte vielfältige Ursachen, wobei der damals einsetzenden klimatischen Abkühlung, die auch die Lebensräume der Saurier zu ihren Ungunsten veränderte, eine Hauptrolle zukam. Die große Zeit der Saurier, der Reptilien ging zu Ende. Einige Arten aber, wie die Krokodile, die Schildkröten und die Warane, zum Beispiel der große Kommodowaran, der heute noch auf der Insel Kommodo lebt und mit den Mosasauriern der Kreidezeit verwandt ist, sowie eine Vielzahl ihrer Nachfahren haben bis in die Gegenwart überlebt.

Heute jedoch ist es der Mensch, der in selbstmörderischem Tempo die Erde in lebensfeindlicher Weise verändert. Und es ist in seinem ureigensten Interesse, alle dadurch bedrohten Tier- und Pflanzenarten zu erhalten, von denen auch sein eigenes Überleben abhängt. Artenschutz bedeutet Biotopschutz: auch für uns selbst.

Lothar Streblow

Der Autor

Lothar Streblow wurde 1929 in Gera/Thüringen geboren.

Er studierte Regie, Dramaturgie, Psychologie und Ästhetik. Seit 1955 lebt er im Remstal bei Stuttgart. Auf vielen Reisen im In- und Ausland befaßte er sich mit Studien der Tierpsychologie, Verhaltensforschung und Ökologie. Neben Romanen, Expeditionsberichten und Hörspielen, in denen er schon vor mehr als zwei Jahrzehnten ökologische Themen behandelte, schrieb er vorwiegend für junge Leser Erzählungen, in deren Mittelpunkt immer das Tier und seine Umwelt stehen. Für seine über fünfzig Werke, die auch in Frankreich, Jugoslawien, Spanien, Dänemark, den USA und Kanada erschienen, wurde er mehrfach ausgezeichnet: Hörspielpreis der ARD, Auswahlliste Deutscher Jugendbuchpreis, Studienpreis zum Kogge-Literaturpreis, Landeskundlicher Jugendbuchpreis. Mit „Robbi, der Heuler vom Wattenmeer", „Borstel, der Frischling vom Eichwald", „Ruscha, der Fischotter", „Murru, das Murmeltier", „Raku, der Kolkrabe", „Duna, der Dinosaurier", „Barro, der Braunbär", „Manka, das Mammut", „Wirru, das Wildpferd" und „Trigan, der Dreihornsaurier" sowie den Folgebänden dieser neuen Tierbuchreihe „Tiere in ihrem Lebensraum" legt Lothar Streblow, der für sein engagiertes literarisches Werk bereits 1978 die Umweltschutz-Medaille erhielt, etwas völlig Neues vor: die ethologisch-ökologische Tiererzählung, entstanden nach in langjährigen Tierstudien erworbenen Erfahrungen und Erkenntnissen.

Der Saarländische Rundfunk in einem Autorenporträt über Lothar Streblow:

„Sein Hauptinteresse gilt Fragen des Umwelt- und Naturschutzes und der Frage, wie man diese Probleme auch literarisch vermitteln kann. Das Ergebnis seiner vielfältigen Forschungsarbeiten sind Bücher, die in Spielhandlungen für einen bewußten Umgang mit der Natur plädieren."

„Die ethologisch-ökologischen Tiererzählungen von L. S. sind für viele ein Begriff."

Berner Jugendschriften-Kommission

Der Illustrator

Hermut K. Geipel studierte Malerei und Freie Graphik an der Akademie der Bildenden Künste in Nürnberg.

Studienaufenthalte führten den gebürtigen Erzgebirgler anschließend nach Stuttgart und Rom. Er entwarf zahlreiche Bühnenbilder für Film, Fernsehen und Theater.

Seine Illustrationen sind in zahlreichen wissenschaftlichen Büchern und Zeitschriften, aber auch in vielen Kinder- und Jugendbüchern zu finden. Mit seinen Werken beteiligte er sich erfolgreich an vielen Ausstellungen im In- und Ausland. Hermut K. Geipel lebt und arbeitet seit 1960 in München.

Tiere in ihrem Lebensraum

Jeder Band ca. 140 Seiten mit vielen Abbildungen

Robbi, der Heuler
Dem Autor gelingt es auf fesselnde Art und Weise, das ereignisreiche und gefahrvolle Heranwachsen des jungen Seehundes Robbi darzustellen.

Borstel, der Frischling
Zusammen mit dem kleinen Frischling Borstel lernt der Leser die Welt der Wildschweine kennen: den täglichen Kampf ums Überleben in einer immer mehr bedrohten Umwelt.

Ruscha, der Fischotter
Mit feiner Beobachtungsgabe und wissenschaftlich fundiert erzählt Lothar Streblow spannend vom gefahrvollen Leben der letzten freien Otter.

Murru, das Murmeltier
In einer faszinierenden Alpenlandschaft erlebt Murru, das kleine Murmeltier, die ersten Jahre voller Abenteuer in der rauhen Welt der Berge.

Raku, der Kolkrabe
Vom Ausschlüpfen und Flüggewerden über das muntere Spielverhalten bis zur Paarung erfährt der Leser vom abenteuerlichen Leben des jungen Raben Raku.

„Streblow vorzustellen erübrigt sich, ist er doch wie kein zweiter in diesem Genre ausgewiesen und bei jungen Lesern geschätzt."
EKZ-Informationsdienst Reutlingen

Duna, der Dinosaurier
Es ist eine faszinierend fremdartige Welt, in der Duna heranwächst: vor Jahrmillionen, als diese gewaltigen Urzeittiere die menschenleere Erde bevölkerten.

Barro, der Braunbär
Das ereignisreiche Leben des kleinen Bären und seiner Gefährten, seine Abenteuer mit anderen Tieren und den vielfältigen Gefahren der Wildnis.

Manka, das Mammut
Der abenteuerliche Überlebenskampf des kleinen Mammuts in einer Herde wollhaariger, kälteharter Elefanten während der Eiszeit vor 10 000 Jahren.

Wirru, das Wildpferd
In der asiatischen Wüstensteppe wächst das kleine Wildpferd zu einem starken Hengst heran und verteidigt seine Herde gegen Wölfe und andere Gefahren.

Trigan, der Dreihornsaurier
Als einer der letzten riesigen Dinosaurier erlebt Trigan, zwischen Raubechsen, Erdbeben und Vulkanausbrüchen, die gefahrvolle Endphase des Erdmittelalters vor 65 Millionen Jahren.

„Streblow hat tatsächlich das gewisse tierische Etwas, von dem nur wenige sog. Tierschriftsteller angehaucht sind. Um so mehr schätzt man solche Tierbücher."
Dr. Ellen Thaler, Alpenzoo Innsbruck

Lesespaß und Wissen für junge Tierfreunde

Jeder Band ca. 90 Seiten mit vielen Abbildungen

Anja, das Hundekind
Mit dem Hundbaby Anja kommt viel Aufregung in Claus' Zuhause. Denn das kleine Wollknäuel wächst schnell zu einer klugen und neugierigen Hündin heran.

Maxi, das Meerschweinchen
Claus bekommt ein junges Meerschweinchen. Nach kurzer Eingewöhnungszeit fühlt Maxi sich wohl, und aus der Hündin Anja und Maxi werden unzertrennliche Freunde.

Kiki, der Wellensittich
Während der Ferien kommt Claus' Kusine mit ihrem Wellensittich Kiki zu Besuch. Als die Hündin Anja im Garten ein Sittichmännchen entdeckt, wird es ein turbulenter Sommer.

Schnüffi, das Igelkind
Als Claus und sein Vater im Herbst ein verlassenes Igelkind finden und bis zum Frühjahr pflegen, erlebt Claus viel Freude, aber auch Verantwortung für das kleine Wildtier.

Pinsi, das Eichhörnchen
Bei Claus und seinen Tieren taucht eines Tages auf der Hausterrasse ein wildes Eichhörnchen auf, wird allmählich zutraulich und sorgt im Haus für ungewöhnliche Überraschungen.

„Lothar Streblow ist ein ungewöhnlicher Autor. Man hat das Gefühl, er lebt in seinen Hauptdarstellern, wenn er seine Tiergeschichten schreibt und dabei gleichzeitig viel Wissenswertes um die Lebewesen vermittelt."
Heilbronner Stimme

In gleicher Ausstattung ist erschienen:

„Es gibt nichts Gutes – außer man tut es!"
Dieses bekannte Motto von Erich Kästner haben sich
auch die jungen Umweltschützer zu eigen gemacht,
von denen Edgar Wüpper erzählt:
Denn nur wer selbst aktiv wird, kann helfen,
die bedrohte Natur und die Tiere vor rücksichtsloser
Ausbeutung zu bewahren. Und wenn die Erwachsenen
das noch nicht ganz begriffen haben, dann müssen
die Kinder eben ein bißchen nachhelfen …
Spannende Geschichten und praktische Tips,
die den Blick schärfen und zum Weiterdenken anregen.